中高职贯通

中高职一体化课程改革（教育类专业）配套教材

新形态教材 入眼·入脑·入手 易教·乐学

普通话与教师口语

融媒体版

PUTONGHUA YU JIAOSHI KOUYU

中高职一体化课程改革（教育类专业）配套教材编写委员会

主　　任：朱永祥

编　　委：程江平　崔　陵　于丽娟　陈晓燕　方卫飞

主　　编：陈晓燕

执行主编：吴丹丹　齐云飞

执行副主编：林卿卿　苏　漪　泮丽君　蔚子豪

北京师范大学出版集团
BEIJING NORMAL UNIVERSITY PUBLISHING GROUP
北京师范大学出版社

图书在版编目(CIP)数据

普通话与教师口语/浙江省教育厅职成教教研室组编．—北京：北京师范大学出版社，2023.3(2024.8重印)

ISBN 978-7-303-27973-9

Ⅰ．①普… Ⅱ．①浙… Ⅲ．①普通话－幼儿师范学校－教材②幼教人员－汉语－口语－幼儿师范学校－教材 Ⅳ．①H102②H193.2

中国版本图书馆CIP数据核字(2022)第118663号

营销中心电话 010-58802755 58800035
编辑部电话 010-58802883
教材意见反馈 gaozhifk@bnupg.com 010-58805079

出版发行：北京师范大学出版社 www.bnupg.com
北京市西城区新街口外大街12-3号
邮政编码：100088
印　　刷：唐山玺诚印务有限公司
经　　销：全国新华书店
开　　本：889 mm×1194 mm 1/16
印　　张：12.75
字　　数：263千字
版　　次：2023年3月第1版
印　　次：2024年8月第3次印刷
定　　价：34.80元

策划编辑：姚贵平　　责任编辑：冯　倩　王贺萌
美术编辑：焦　丽　　装帧设计：焦　丽
责任校对：陈　民　　责任印制：赵　龙

前　言

“学高为师，身正为范”是社会大众对所有教育从业者的殷切希望。口语是教师传授知识、表达情感、教育学生的主要手段。青少年及幼儿是祖国的花朵，纯真无瑕，需要教师用“特有的语言去浇灌他们，让他们茁壮成长”。

为了深入贯彻落实党和国家的教育方针与政策，全面落实立德树人根本任务，以发展学生核心素养为宗旨，特编写《普通话与教师口语》一书。本教材以浙江省中高职课程改革方案精神为引领，旨在为学习者服务，提高学习者的普通话水平和口语表达能力，规范教学用语，为各位“准教师”顺利走进职场提供理论准备和技能准备。

本教材涉及普通话训练、讲故事训练和教师职业口语训练，建议用五个学期完成教学任务。第一学期以专题一、专题二为主，侧重普通话概述与语音基础训练；第二学期以专题三、专题四为主，侧重语流音变训练与普通话朗读训练；第三学期以专题五、专题六为主，侧重普通话命题说话训练及普通话水平测试；第四学期以专题七、专题八为主，侧重儿童故事讲述和讲故事技巧训练；第五学期以专题九、专题十为主，侧重“准教师”走上工作岗位后的职业口语和交际口语能力训练。在遵循科学性、实用性、示范性等编写原则的基础上，本教材努力做到知识点与训练点紧密结合，体现学前教育新理念、新要求、新规范。本教材主要体现了以下三方面的特点。

1. 板块丰富，知识准确

根据中等职业学校学生的年龄特点和认知规律，结合其智力因素和非智力因素，教材体现以学生发展为中心的理念，提高学生的学习兴趣，增强学习自信心，使学生养成良好的学习习惯。

本教材由“情境案例”导入新课，再由“做中学”进行技能提升，最后的“拓展练习”环节活泼有趣，供教师布置作业、查漏补缺之用。内容的选择与编排，有一定的弹性和递进性，使不同水平的学生都能够利用教材进行自主学习。教材突出趣味性，增强教材对学生的吸引力，使学生能够读得懂、学得会、用得上。

2. 内容科学，与时俱进

本教材内容的选取遵循课程标准，既重视知识的科学性、系统性，又兼顾师范教育的职业性，内容选取、设计、呈现等与课程目标、学生实际有机结合。教师口语内容的表述与呈现科学、规范，严谨有序，充分体现职业教育教材的特点。教材具有鲜明的师范特色，准确把握教师口语所需要的理念、知识和技能，以培养"有理想信念、有道德情操、有扎实学识、有仁爱之心"的教师为目标。本教材选取了与学前教育专业结合紧密的典型案例，并设计了与幼儿园实践相接近的教与学情景。

案例选择力求实用，教学方法与时俱进，具有时代感。在教学案例的选择上，既保留了多年来公认的经典案例，又努力寻找新时代、新形势下出现的新案例。在教学实施过程中，项目学习提倡小组合作教学、小组竞赛教学、情境模拟演练等教学模式，鼓励"准教师"能说出来，动起来，感受职场的说话技巧。

3. 形式多样，资源立体

立足职业特点，教材的表现形式多样化。本教材的很多案例分享和课堂练习，都是教师教学活动的实景再现，适合情境模拟演练，带着"当我遇到这样的课堂问题或突发状况时，我会怎样做"的心态去解决问题，带着"无论有什么未知的情况发生，我都有能力解决"的勇气模拟体验，让学生的应变能力、表达能力得到很大的提升，突出职业学校学生的实战能力。

与此同时，本教材融合学历证书与教师资格证书的双重要求，满足取得"双证"的需要。教材增加了二维码内容，实现多种媒体融合，充分利用先进的信息技术手段，配置示范音频、案例视频、教学 PPT 等，为师生提供丰富、生动、多样的教与学资源，努力提升教学质量。

本教材教学时数建议安排如下：整本教材分 5 个学期完成，每学期均为 18 课时。

本教材由陈晓燕担任主编，由吴丹丹、齐云飞担任执行主编，由林卿卿、苏漪、泮丽君、蔚子豪担任执行副主编。本书得到了浙江省教育厅职成教教研室的大力支持，得到了北京师范大学出版社职业教育分社姚贵平社长和金华职业技术学院与杭州科技职业技术学院专任教师的指导与帮助，在此一并表示诚挚的感谢与敬意！虽然本教材的编写人员做了大量细致又认真的工作，但由于编写时间紧张，书中难免有疏漏、不足之处。我们热忱地欢迎广大师生提出宝贵意见和建议，以便我们再版时进行订正，使教材更加完善。

感谢大家的陪伴，让我们携手继续努力！

编者

目　录
CONTENTS

专题一　普通话基础　.. 1
学习主题一　认识普通话　/2
学习主题二　认识语音　/6
学习主题三　语音发音技巧　/10

专题二　调、声、韵练习　.. 17
学习主题一　声调发音练习　/18
学习主题二　声母发音练习　/24
学习主题三　韵母发音练习　/36

专题三　语流音变练习　.. 49
学习主题一　变调训练　/50
学习主题二　轻声词训练　/53
学习主题三　儿化词训练　/56
学习主题四　“啊”的音变训练　/58
学习主题五　普通话语音规范训练　/60

专题四　普通话朗读　.. 71
学习主题一　朗读的要求　/72
学习主题二　朗读的内部技巧　/75
学习主题三　朗读的外部技巧　/78

专题五　普通话命题说话　.. 83
学习主题一　说话的要求　/84
学习主题二　说话的准备　/89
学习主题三　说话的误区　/94
学习主题四　说话的策略　/99

专题六　普通话水平测试　.. 105
学习主题一　普通话水平测试内容及等级评定　/106

目　录
CONTENTS

学习主题二　普通话机考流程　/113

专题七　认识儿童故事　.. 119
学习主题一　儿童故事及特征　/120
学习主题二　儿童故事的类别　/125
学习主题三　儿童故事的改编　/128

专题八　讲故事技巧　.. 133
学习主题一　叙述语言及人物语言的处理　/134
学习主题二　讲故事的态势语　/142

专题九　教师职业口语　.. 149
学习主题一　认识教师职业口语　/150
学习主题二　教师职业口语常用技巧　/156
学习主题三　幼儿园一日活动中的教师口语训练　/161

专题十　教师交际口语　.. 175
学习主题一　教师交际口语的原则　/176
学习主题二　与家长的交际口语训练　/181
学习主题三　与同事的交际口语训练　/188

参考文献　.. 191

附录1：普通话水平测试用话题　/192

附录2：幼儿教师常用语　/194

专题一
普通话基础

>> 学习目标

- 掌握普通话和方言的基本含义。
- 掌握普通话语音的性质、四要素和基本概念。
- 了解发音的基本原理，能够正确发音，学好普通话。

>> 学习导航

- 专题一 普通话基础
  - 认识普通话
    - 什么是普通话
    - 普通话与方言
  - 认识语音
    - 普通话语音的性质
    - 普通话语音的基本要素
  - 语音发音技巧
    - 气息训练
    - 共鸣训练
    - 吐字归音训练

能够说一口标准而流利的普通话是教师的一项基本教学技能，也是对教师的基本要求。2012年，教育部国家语委发布了《国家中长期语言文字事业改革和发展规划纲要(2012—2020年)》，重点提出：新进教师普通话水平应符合教师资格所规定的普通话等级要求，对普通话水平未达标的中小学、幼儿园教师和校长(园长)进行普通话培训，使其达到规定标准。教师的语言规范意识和语言规范程度将影响他们的工作形象，包括教师的工作对象。

学习主题一
认识普通话

扫码看视频

学习笔记

情境案例

一位幼儿教师应邀到某地进行示范教学活动。活动前，她将活动时需要的四张图片放在幼儿的课桌上，并且用布盖好。活动中她对幼儿说："小朋友们，请你们把图片拿出来。"幼儿们纷纷掀起了自己的衣服，露出了肚皮。教师愕然，可来不及调整，又按照自己的思路继续问道："小朋友们，图片上有什么呢？""肚脐眼儿。"小朋友们一起回答。

听课的教师笑倒一片，这位教师目瞪口呆，孩子们这是怎么啦？原来，是这位老师的普通话不标准，把"图片拿出来"发音近似于"肚皮露出来"，造成了幼儿的误解。最终一场精心准备的示范课因为教师方言口音重而失败。

一、什么是普通话

普通话是以北京语音为标准音，以北方话为基础方言，以典范的现代白话文著作为语法规范的现代汉民族共同语。

二、普通话与方言

普通话以北方话为基础方言，是指在词汇方面以北方词汇为标准词汇。这是因为北方话在汉语七大方言中的分布地区最广，使用人口也最多，具有广泛性和普遍性。

根据方言形成和发展的历史与方言的结构特点，现代汉语的方言大体可以分为七大类，即七大方言。每一大类还可以分出若干次方言。方言之间的差异主要表现在语音方面，词汇次之，语法的差异最小。七大方言的概况如下。

（一）北方方言

北方方言，旧称"官话"，是现代汉民族共同语的基础方言，以北京话为代表。它在汉语各方言中的分布地域最广，使用人口众多。

北方方言可分为如下四个次方言。

1. 华北、东北方言

分布在京、津两市以及河北、河南、山东、黑龙江、吉林、辽宁，还有内蒙古自治区的部分地区。

2. 西北方言

分布在山西、陕西、甘肃、青海等省以及宁夏、新疆、内蒙古自治区的部分地区。

3. 西南方言

分布在四川、云南、贵州等省市及湖北的大部分地区(东南部、东部地区除外)，广西的西北部、湖南的西北部等地区。

4. 江淮方言

分布在安徽、江苏两省的长江以北地区(徐州、蚌埠一带属华北、东北方言的除外)，江苏镇江以西、江西九江以东的长江南岸沿江一带。

(二)吴方言

即江浙方言，典型的吴方言以苏州话为代表，从发展的趋势看，也可以以上海话为代表。分布在上海市，江苏省长江以南、镇江以东地区(不包括镇江)及南通的小部分和浙江省的大部分地区。

(三)湘方言

即湖南话，以长沙话为代表，分布在湖南的大部分地区(西北部除外)。湘方言内部还存在新湘语和老湘语的差别。新湘语通行在长沙等较大城市，受北方方言的影响较大。

(四)赣方言

即江西话，以南昌话为代表。分布在江西的大部分地区(江西东北部沿长江地带和南部除外)。

(五)客家方言

以广东梅县话为代表。客家人主要分布在广东、福建、台湾、江西、广西、湖南、四川等省、区。历史上客家人从中原迁徙到南方，虽然居住分散，但客家方言仍自成系统，内部差别不太大。

(六)闽方言

现代闽方言的主要分布区跨越六省，包括福建和海南的大部分地区，广东东部潮汕与雷州半岛部分地区、浙江南部温州地区的一部分、广西的少数地区以及台湾省的大多数汉族居住区。

学习笔记

（七）粤方言

以广州话为代表，当地人叫“白话”，分布在广东中部、西南部和广西东部、南部。广州话也是香港、澳门同胞的主要交际语言。

客家方言、闽方言、粤方言都随华侨传遍海外。

北方话虽然具有普遍性，但并不是说北方话就是普通话。北方话词汇不等于普通话词汇，普通话词汇不包括北方话当中的土语。为丰富词汇，普通话也要从方言、古代汉语和外来语中吸收一些必需的词语。

资料卡

吴方言与普通话的主要差异

浙江大部分地区的方言属于吴语，吴语又叫吴方言，代表话是上海话和苏州话。其中嘉兴、湖州、杭州（不含淳安建德）、绍兴、宁波、舟山等地区属于太湖片吴语，台州地区基本属台州片吴语，温州地区的吴语基本上属于瓯江片吴语，丽水、衢州地区属于处衢片吴语，金华地区属于婺州片吴语。吴方言与普通话在声、韵、调等方面都有较大的差异。

声母部分，吴方言有一整套浊音声母（浊塞音和浊塞擦音），如上海人把 wǒ（我）发成 ngó，ngó 这个音普通话是发不出来的，因为普通话里就没有 ng 这个浊音声母。ng 在普通话里是浊鼻音，只能做韵母。上海人还把 shì（是）发成 sì，把 shàng（上）发成 sàng。在普通话里 s 是清音，但上海话都发成了浊音。吴方言还常常把翘舌音 zh、ch、sh 发成平舌音 z、c、s。

韵母部分，吴方言多把双元音发成单元音，并多后鼻音韵尾 ng，如上海人把 nǐ（你）发成 nóng（侬）。

与普通话相比，吴方言声调较多，有 7～8 个声调，并保留了入声。比如，妻子的妻（qī）在普通话里是 q 与 i 相拼，这里的 i 是长元音，但在上海话中 i 是短促的入声，类似英语中的短元音[i]。

吴方言发音时，声带振动较多，发音位置与普通话相比均较靠前，说话时口腔开度不大，声音清细、委婉，人们常把吴方言称作“软语”。

做中学

【练习一】

要求：在教师的指导下，完成下列训练，学习听辨与普通话不一样的语音。步骤如下。

①教师提示，自己训练。

②同桌对练，互相指正。

③个别汇报，教师指导。

听一听，指出下面句子中同伴的读音和普通话发音不一样的地方。

①那边有一只兔子。

②他能不能自己过来？

③池塘里有好多小鱼！

④我是新来的，请多关照！

⑤你也是浙江人吗？

⑥我是坐飞机来的。

⑦小鸟落在他的肩上。

【练习二】

要求：在教师的指导下，完成下列训练，学习听辨与普通话不一样的词汇和语法。步骤如下。

①教师提示，自己训练。

②同桌对练，互相指正。

③个别汇报，教师指导。

听一听，指出下面句子中和普通话不一样的地方，并说说是词汇还是语法方面的不同。

①咱们来去逛街。

②我有来过广东。

③他吃不来辣椒。

④我家里来人客了。

⑤我中午就在外面吃盒饭好了。

⑥喝少点酒对身体有好处。

⑦他大约要两三天才回来。

⑧别客气，你走先。

⑨你看，我都高过你了。

【练习三】

要求：运用普通话的语音、词汇和语法进行表达。步骤如下。

①教师提示，自己训练。

②同桌对练，互相指正。

③个别汇报，教师指导。

在同学面前做自我介绍，请大家判断语音、词汇和语法是否标准，再根据大家的意见进行修改。

学习笔记

拓展练习

在班级开展方言歌曲交流活动，感受各地方言的不同韵味。

学习主题二
认识语音

情境案例

教师的咽喉病发病率为什么居高不下

最近幼儿园李老师发现，她说话常会出现嗓音嘶哑的情况，休息后再说话就能恢复正常。现在她声音嘶哑的频率越来越高，除了说话费劲外，还伴有脖子发胀、声音低沉等症状。幼儿园教学活动中经常有儿童反映听不清她说话。后来，李老师到医院就诊，经过检查，被确诊为慢性喉炎。经过系统治疗，李老师的吐字发音又清晰悦耳了。

这样的案例并不少见，教师咽喉病发病率大大高于其他行业的从业人员。发病的原因主要有三点：首先是说话多，声带长期疲劳；其次是发声方法不科学，损伤喉部肌肉；最后是咽喉病保健不得力，没有得到及时有效的治疗。

扫码看视频

一、普通话语音的性质 >>>>>>>>>>>>>>>>>>>>>>>>>>

（一）物理性质

任何声音都是由物体振动而引起的，物体振动所形成的声波刺激听觉神经，形成人耳所感觉到的声音。人的声音是由声带振动共鸣器官而产生的，具有音高、音强、音长、音色的特征，即语音四要素。这四要素在普通话里的作用是不同的，具体见表 1-1-1 所示。

表 1-1-1　语音的物理性质

要素	定义	作用
音高	声音的高低，决定于发音体振动频率的大小	区别声调调值
音强	声音的强弱，决定于发音体振动幅度的大小	决定语音的轻重
音长	声音的长短，决定于发音体振动持续的时间	表示不同的语气和情态
音色	声音的个性特色，又叫音质，决定于发音体振动形式的异同	修饰声音的表现力

（二）生理性质

语音是由人的发音器官发出来的，是发音器官进行活动的结果，离开发音器官就不可能产生语音。发音器官是语音发声的生理基础，也是语音存在的物质前提。因此，了解发音器官的构造和功能，就可以从生理的角度分析语音的发音过程。

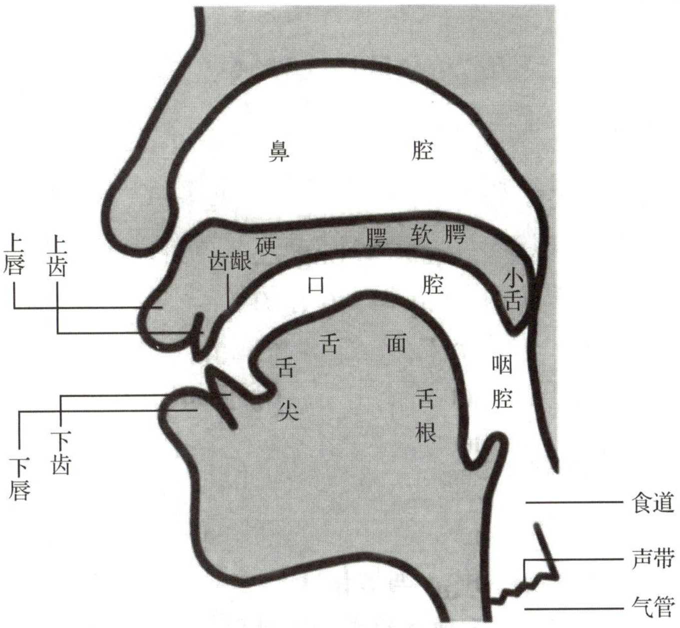

图 1-1-1 发音器官示意图

（三）社会性质

语言是社会交际的工具，语音只有结合为词语才能表达意义，词语的意义是社会的，因此，语音的社会性质是语音的本质。如普通话中"n""l"属于不同的语音单位，但在有些方言区却属于同一个语音单位，方言区内"n""l"不分并不影响人们的沟通交流。语言中的同音异义和同义异音现象也是如此。当然，这种约定不能随心所欲，任意改变，否则彼此之间就无法进行交际了。所以，语音的社会性质是由语言的交际职能所决定的。

二、普通话语音的基本要素 >>>>>>>>>>>>>>>>>>>>>>

（一）音素

音素是构成音节的最小单位，它是从音色的角度划分的。按音色的不同划分音节，就会得到语音的最小单位——音素。如"盼"(pan)，从音素的角度来分，就可以划分出"p""a""n"3 种不同的音素。

（二）音节

音节是听觉上最容易分辨出来的基本结构单位，也是最自然的语音单位。每发一个音节时，发音器官的肌肉，特别是喉部的肌肉都明显地紧张一次，形成一个音节。一个音节可以是一个音素，也可以由几个音素合成。例如，"哦"的音节就是由一个音素"o"构成的，"发"的音节由"f"和"a"两个音素构成。一般来说，一个汉字表示一个音节，

学习笔记

但儿化音节例外，如“花儿”写下来是两个汉字，但读起来却是一个音节“huar”。

（三）元音与辅音

学习笔记

根据不同的发音性质，我们可以将语音的最小单位音素分为元音和辅音两大类。气流在口腔或咽头受阻碍而形成的音称辅音，又称子音。根据发音时声带是否振动，辅音又可分为浊辅音和清辅音。普通话中有17个清辅音，如“b”“p”“d”等，有4个浊辅音，即“m”“n”“l”“r”。气流振动声带，在口腔、咽头不受阻碍(但受节制，如双唇是否圆展、口腔是否开合)而形成的音称元音，又称为母音，单元音有10个，如“a”“o”“e”“i”“u”等。

辅音和元音主要有以下4点区别。

第一，发元音时，气流通过咽头、口腔不受任何阻碍。发辅音时，气流通过咽头、口腔时一般要受阻碍。这是元音和辅音最主要的区别。

第二，发元音时，发音器官各部位保持均衡的紧张状态。发辅音时，发音器官成阻的部位特别紧张。

第三，发元音时，气流较弱。发辅音时，气流较强。

第四，发元音时，声带振动，声音清晰响亮。发辅音时，声带不一定振动，声音相对不及元音响亮。

（四）声母和韵母

声母是普通话音节开头的部分，以辅音为主，通常是由发音部位和发音方法决定的。韵母是普通话音节后面的部分，主要由元音构成。

（五）声调和调号

普通话声调是音节的高低升降形式，主要由音高决定。调号就是标记声调的符号。《汉语拼音方案》规定普通话四种声调的符号为：ˉ（阴平）、ˊ（阳平）、ˇ（上声）、ˋ（去声）。调号要标在作为主要元音的韵腹上。

（六）调值和调类

调值指音节高低，升降曲直长短的变化形式，也就是声调的实际读法。调值相同的字归在一起而建立起来的声调的类别称为调类。普通话有55、35、214、51四种调值，归类命名为阴平、阳平、上声、去声四个调类。调值是声调的“实”，调类是声调的“名”，名与实结合才能完整地理解声调的概念。

（七）变调和儿化

普通话中每一个单音节都有固定的调值，我们把它叫作基本调值。但是，普通话的音节和音节互相连读时，声调会互相影响，实际的音高会发生变化，这种声调的变化叫变调。儿化是发音时，舌尖卷起来，韵尾的“儿”与原来的韵母结合在一起，成为一个新的翘舌音。

做中学

学习笔记

【练习一】

1. 说一说什么是语音，语音具有哪些特性，元音和辅音的区别有哪些。

2. 读一读下面的音节，想一想你在发音上有哪些困难。

①读一读，想一想。

②同桌对练，互相指正。

③个别汇报，教师指导。

星 水 特 惊 首 绿 铅 立 串 古 挂 生 让

搜 案 亲 呕 浆 略 穷 亮 灰 虐 瞟 秦 润

挠 嘭 旅 捐 旋 琼 池 女 觉 熏 群 动 铝

【练习二】

读一读下面的词语，找出自己的发音难点。

①读一读，找一找。

②同桌对练，互相指正。

③个别汇报，教师指导。

群众 抓紧 书记 请帖 女子 壮大 配合 标题 敏捷

困难 铁树 拐卖 裙子 全面 酗酒 冤枉 冰棍 虽然

红色 早操 从事 平常 彩霞 所有 真正 违心 佳境

语音 能够 飘扬 思绪 广场 摸索 肯定 毛病 风力

钻石 鸭绒 裁剪 孙子 混血 牛皮 天平 让座 温和

穷苦 性质 产量 兄弟 军队 百货 摧残 挂号 捐款

隆重 军舰 确切 雄关 纽扣 老头 窘况 学生 宽裕

拓展练习

为自己制订学习普通话的训练计划，今后定期检查。

表 1-1-2　普通话训练计划

日期	训练内容	完成情况	存在问题	综合评价
	1. 气息训练			
	2. 模仿训练			
	3. 朗读训练			
	4. 说话训练			
	遵循“三多”原则：多听、多说、多练！			

学习主题三
语音发音技巧

情境案例

在一次幼儿师范学校举办的演讲比赛中，一名同学在台上慷慨陈词：“我今后要当一名出事(色)的幼儿教师。”台下的人都笑了：“出事的幼儿教师？那还了得！”

其实，这名同学想表达的是“出色”的幼儿教师。因为平翘舌音混淆，再加上把“e”发成“i”(后)，就闹了笑话。

扫码看视频

人类没有单独的发音器官，而是使用呼吸器官、消化器官作为发音器官。发音器官包括呼吸器官、喉头和声带、口腔和鼻腔三个部分。其中，除了声带外，其他的发音器官都是“兼职”。说话时，横在呼出气流通道上的两条声带，迅速地一开一合，把稳定的气流切成一串串的喷流，进而转换成听得见的声音，随着舌、唇、腭等器官的运动，不断改变声道的声学性质，将声音变成能区别的语音，通过胸腔、喉腔、咽腔、鼻腔、口腔组成的共鸣器放大而发出声音。这就是发音的全过程。从这个过程中可以看出，发音的效果如何，与呼吸、声带、共鸣器有着直接的关系。

因此，在发音训练中，要着重进行以下训练。

一、气息训练

气息是发音的基础，气息充足方能发音持久有力。气息调控常用胸腹式联合呼吸法。胸腹式联合呼吸法(也称丹田呼吸法)，即运用小腹收缩，靠丹田的力量控制呼吸。胸腹式联合呼吸介于胸式呼吸和腹式呼吸两者之间，是二者的结合。具体方法如下。

吸气：小腹向内即向丹田收缩，相反，大腹、胸、腰部同时向外扩展，可以感觉到腰带渐紧，前腹和后腰分别向前、后、左、右撑开的力量。用鼻吸气，做到快、静、深。

呼气：始终要收住小腹，不可放开，使胸、腹部在努力控制下，将肺部储气慢慢放出，均匀地外吐。呼气要用嘴，做到匀、缓、稳。呼气中，语音一个接一个地发出，组成有节奏的有声语言。

胸腹联合呼吸训练：胸腹联合呼吸法是呼吸后两肋扩大，横膈膜下降，小腹微收。运用胸腹联合呼吸的关键是吸入时肌肉群体工作，呼气时，肌肉群体仍然要持续工作，这样才能较好地控制气息，不让气息迅速外流。这种方法是胸腔、横膈膜、腹肌联合控制气息。这种呼吸的活动范围大，伸缩性强。气息的控制和运用随着内容及情感的表达而改变，要做到“吸气一大片，呼气一条线；气断情不断，声断意不断”。要把气息的运用作为情感表达的手段。

学习笔记

二、共鸣训练

我们说话时，95%左右的音量需要通过共鸣腔放大得来。共鸣腔是决定音色的重要发音器官，直接引起语音共鸣的是声带上方的喉、咽、口、鼻四腔。此外，胸腔和头腔也有共鸣作用。说话用声是以口腔共鸣为主，以胸腔共鸣为基础。共鸣器以咽腔为主又可分为高、中、低三区共鸣。高音共鸣区，即头腔、鼻腔共鸣，音流通过该区共鸣，可以获得高亢响亮的声音。中音共鸣区就是咽腔、口腔共鸣，这里是语音的制造场，是人体中最灵活的共鸣区，音流在这里通过，可以获得丰满圆润的声音。低音共鸣区，主要是胸腔共鸣，音流通过该区共鸣，可以获得浑厚低沉的声音。

要想使说话的声音好听和持久，就要正确地运用共鸣器。而运用共鸣器的关键在于处理好“畅”与“阻”的对立统一关系。所谓“畅”，就是整个发音的声道必须畅通无阻，胸部舒展自如，喉部放松滑润，脊背自然伸直，以便声音不憋不挤，形成一个声柱流畅地奔涌出来。所谓“阻”，并不是简单地把声音阻挡住，而是不让声音直截了当地出来，让声音通过共鸣器加工、锤炼，变得洪亮、圆润、雄浑、优美动听。处理好“畅”与“阻”的关系，必须进行共鸣训练。

学习笔记

三、吐字归音训练 >>>>>>>>>>>>>>>>>>>>>>>>>>>>>>

吐字归音是口语表达的一项重要基本功。吐字归音是汉语（汉字）的发声法则，即“吐字”和“收音”的技巧。我们把一个字分为字头、字腹、字尾三部分，“吐字”是对字头的要求，“归音”是对字腹尤其是对字尾的发音要求。

（一）吐字训练

吐字也叫“咬字”。首先吐字时要注意口型，口型该大开时不能半开，该圆唇时不能展唇。其次注意字头，字头是字音的开始阶段，要求“叼住弹出”。“叼住”要叼得巧而不死，过紧则僵，过松则泄；“弹出”要弹得轻捷有力，不粘不滞。发音要有力量，摆准部位，蓄足气流，干净利落，富有弹性，并且要用这一阶段的力量去带动字腹和字尾的响度，使声音立得住，传得远。

（二）归音训练

字尾是字音的收尾部分，指韵母的韵尾。归音指字腹到字尾的收音过程。收音时，唇舌的动程一定要到位，字腹要拉开立起，然后收住，要收得干净利落，不拖泥带水，但也不能草草收住。如“天安门”三个字，收音时舌位要平放，舌尖抵住上齿龈，归到前鼻韵母“n”音上。只有这样归音才到位，才有韵味。不能收音时听不到“n”的尾音，但要注意做好“到位弱收”，不能用劲，到位对“字正”起着重要作用。

做中学

【练习一】

要求：在教师的指导下，进行下列气息训练。步骤如下。

①教师提示，自己训练。

②同桌对练，互相指正。

③个别汇报，教师指导。

1. 吸气训练

训练要领：全身放松，扩展两肋，小腹微收，将气吸到肺底，做到快、静、深。

训练方法：

站立式：全身放松，做深呼吸。一、二吸气，三、四呼气；五、六吸气，七、八呼气。循环往复，体会两肋扩展、横隔下降、小腹内收的感觉。

闻花香：在意念上，想象面前放置一盆花，深吸一口气，将气吸到肺底，要吸得深入、自然、柔和。

半打哈欠：不张大嘴地打哈欠，体会吸气的感觉。

2. 呼气训练

训练要领：呼气的过程是使用的过程，要平稳、有控制，随内容和情感的变化调节呼气的快慢、强弱。一般要求匀、缓、稳。

训练方法：

齿缝放气练习：慢慢吸好气后，蓄气，保持气息片刻，嘴微张开，上下开一点小缝，发出“呲”声，要细要匀，坚持用一口气，或用耳语声音数数，记录延长的时间。气快用完时，要自然放松，不要紧张，这样便可使呼气的力量增强。

喊人练习：以发音响亮的音节组成人名，由近渐远或由远渐近地喊，声音要洪亮。做这一练习时，尽量将每个音节的韵腹拉开、拉长。这样可以锻炼呼吸肌肉群的调节能力，还可以使情、气、声自然地结合起来。

3. 胸腹联合呼吸训练

(1)快吸慢呼练习

突然发现远处来了一个人，他正是你多年不见的老朋友，你惊喜万分，急呼一口气，停住，然后缓缓呼出。吸气时两肋突然张开。重复做此项练习，要逐渐延长呼吸时间。

(2)慢吸慢呼练习

用一口气连续发六个单韵母 ɑ—o—e—i—u—ü，气息均匀，努力保持音调和音强的恒定不变。

(3)慢吸快呼练习

保持慢吸的正确状态吸气之后，用一口气尽量说又多又快的话。可以不断重复说“吃葡萄不吐葡萄皮儿”。

(4)补气练习

快速吸气。呼气五六秒后补气，收小腹，口鼻进气，两肋张开。呼气时从容发声(“V”为吸气记号)，并反复练习。

学习笔记

学习笔记

V1234　V5678　V2234　V5678　V32345678　V42345678

(5)换气练习

练习："广场上飘红旗，看你能数多少面旗：一面旗，两面旗，三面旗，四面旗，五面旗，六面旗，七面旗，八面旗，九面旗，十面旗……"

【练习二】

要求：在教师的指导下，进行下列共鸣训练。步骤如下。

①教师提示，自己训练。

②同桌对练，互相指正。

③个别汇报，教师指导。

训练方法：

①松喉头，用"哼哼"音唱歌。

②牙关大开合，同时发出"啊"音。

③模拟汽笛长鸣声。

④做扩胸运动，同时尽量发高亢或尽量低沉的声音。

⑤夸张四声练习。选择韵母因素较多的词语或成语，运用共鸣技巧练。如：

逆水行舟　背井离乡　智勇无双　热火朝天

信以为真　万古流芳　方兴未艾　各奔前程

光辉灿烂　旧地重游　气贯长虹　富贵荣华

【练习三】

要求：在教师的指导下，朗读语段，体会吐字归音的过程。步骤如下。

①教师提示，自己训练。

②同桌对练，互相指正。

③个别汇报，教师指导。

训练要领：字字有力度，圆润饱满；字尾弱收，趋向鲜明。

像柳絮，像飞碟，情绵绵，意切切，我爱这人间最美的花朵，白雪飘飘，飘飘白雪。看她那晶莹的花瓣，铺满了天边的原野；看她那轻盈的舞姿，催开了红梅的笑靥。啊，白雪飘飘，飘飘白雪。她赠给大地一片皎洁，她撒向人间多少欢悦。

拓展练习

1. 口部灵活性训练

(1)口的开合练习

张嘴像打哈欠，闭嘴如啃苹果。开口的动作要柔和，两嘴角向斜上方抬起，上下唇稍放松，舌头自然放平。做这个练习，克服口腔开度的问题。

(2)咀嚼练习

张口咀嚼与闭口咀嚼结合进行，舌头自然放平。

(3)双唇练习

双唇闭拢向前、后、左、右、上、下以及左右转圈。

(4)舌头练习

舌尖顶下齿，舌面逐渐上翘。

舌尖在口内左右顶口腔壁，在门牙上下转圈。

舌尖伸出口外向前、左右、上下伸。

舌在口腔内左右立起。

舌尖的弹练，弹硬腭、弹口唇。

舌尖与上齿龈接触打响。

舌根与软腭接触打响。

2. 绕口令练习

(1)白石白又滑，搬来白石搭白塔。白石塔，白石搭，白石搭石塔，白塔白石搭。搭好白石塔，白塔白又滑。

(2)河里有只船，船上挂白帆，风吹帆张船向前，无风帆落停下船。

(3)老唐端蛋汤，踏凳登宝塔，只因凳太滑，汤洒汤烫塔。

(4)这是蚕，那是蝉，蚕常在叶里藏，蝉常在林里唱。

(5)梁家庄有个梁大娘，梁大娘家盖新房。大娘邻居大老梁，到梁大娘家看大娘；赶上梁大娘家上大梁，老梁帮着大娘扛大梁，大梁稳稳当当上了墙，大娘高高兴兴谢老梁。

资料卡

幼儿教师口语发音的基本要求

幼儿教师在教学活动中必须使用普通话标准音，做到发音准确、吐字清晰。具体要求如下。

①准确：发音准确；断连、重音合乎语义；用词准确。

②清晰：语脉清晰，观点正确；音节饱满，语流顺畅，语速恰当，语意完整；句式简洁，用词通俗。

③生动：语气、语调生动自然，富于变化；话语富有形象性、感染力。

④得体：根据对象、场合选择恰当的角度、措辞、语气、语调及表达方式合情合理，分寸适度，态势协调、自然。

专题小结

怎样学好普通话

一、学习和掌握普通话的基础知识，了解普通话的语音系统、词汇和语法系统。

我们不仅要了解普通话的有关知识，还要学习和掌握每个汉字的普通话读音、常用的普通话词汇和普通话的语法规律。要学会怎样分析汉语的音节，了解普通话词汇的构词特点和语法规律。

二、运用所学知识，分析自己的方言和普通话的异同。

运用所学知识，找出在语音、词汇、语法等方面，自己的方言与普通话有哪些相同和不同，把学习的重点放到不同的那一部分。

三、勤学苦练。

首先，我们在学习普通话语音时，应先集中精力学好发音，力求做到发音准确，特别是对那些自己方言里没有的音，更要下苦功夫，学会发准，然后再反复练习。只有坚持反复地、刻苦地练习，才能形成普通话的语言习惯。

其次，大胆实践。许多同学在学习普通话时，害怕自己因生硬别扭的发音出丑，或是畏惧长时间训练等困难，这些心理障碍常常使学习进度放慢。针对这种情况，我们需要及时放下心理包袱，大胆开口讲，任何学习都是从笨拙到熟练的过程，学习普通话也不例外，要达到熟练程度，只有下苦功夫，战胜畏惧心理，才能成为胜利者。

专题二
调、声、韵练习

>> 学习目标

• 掌握普通话的调值和调类，并正确发音。

• 了解普通话的 21 个辅音声母的发音部位与发音方法，并做到准确发音。

• 了解普通话的 39 个韵母的发音部位与发音方法，并做到准确发音。

• 具有相应的听音辨音能力。

• 学会常用声母的辨正与韵母的辨正。

>> 学习导航

- 专题二 调、声、韵练习
  - 声调发音练习
    - 认识声调
    - 声调发音与练习
  - 声母发音练习
    - 声母的发音部位
    - 声母的发音方法
    - 声母辨正发音训练
  - 韵母发音练习
    - 韵母的发音部位
    - 韵母的发音方法
    - 韵母辨正发音练习

口语是教师开展工作的主要手段和方式。不论是在教学活动中，还是在与幼儿的日常接触中，教师都应做到讲标准普通话，发音字正腔圆、音色柔和、抑扬顿挫、富于音律美。试想，具有这样语音、语调的幼儿教师，在朗读儿歌、讲故事的时候，必然会吸引幼儿的注意力，进而收到良好的教学效果。处于语言学习关键期的幼儿，他们学习语言的唯一方式就是模仿，在幼儿眼中，与他们朝夕相处的教师，具有绝对的权威性，是幼儿模仿的对象。所以幼儿教师作为幼儿语言规范意识的启蒙者，说一口标准、流利的普通话尤为重要。

学习主题一 声调发音练习

扫码看视频

情境案例

今天，妞妞在奶奶家玩了一天。傍晚的时候，妈妈来接妞妞回家。妞妞看到妈妈，兴奋地跑了上去，搂住妈妈的脖子，并拿出一个瓶子，在妈妈面前晃啊晃，可得意啦！妈妈问："这瓶子里装的是什么呀？"妞妞高兴地说："这是奶奶给我的电（点）心。"妈妈疑惑地问："电（点）心是什么？是小玩具吗？"妞妞说："不是的，奶奶说我回到家就可以吃它了。""哦！"妈妈这才明白，原来这瓶子里装的是点心呀！奶奶普通话声调不准，把点心说成了电心，这才被妞妞给模仿了。

传统的音韵学把一个音节分为声调、声母、韵母三个部分。

一、认识声调 >>>>>>>>>>>>>>>>>>>>>>>>>>>>>>>>>>>>

声调是一个音节的相对音高的升降变化，具有区别意义的作用。相同的音节归在一起建立起来的类别称为调类。普通话有四个调类，也称为"四声"，即阴平、阳平、上声、去声，通俗的称法分别是第一声、第二声、第三声、第四声。声调的实际读法，我们称之为调值。汉语四声的调值分别是55、35、214、51。把五度标调法中的四声实际读法的图形进行简化，就是我们使用的声调符号，简称调号，它们分别是"ˉ、ˊ、ˇ、ˋ"。声调符号标在韵腹字母上。声调高低升降的变化模式叫作调型。汉语四声的调型分别是高平调、中升调、降升调、全降调。

朗读比较下列单音节字的声调：

八 拍 贴 多 拉 装 宣 德 杨 能 神 盐 婆

夸 叼 张 暖 准 你 泪 放 画 永 苦 养 酒

海 者 水 趣 热 片 面 物 劳 娘 白 求 爱

二、声调发音与练习 >>>>>>>>>>>>>>>>>>>>>>>>>>>>>>

普通话的四个声调是“平”“升”“曲”“降”，升降差异显著，并且明显区别于各地方言，是普通话语音最显著和最基本的特征。从发音长短来分析，上声发音持续时间最长，其次是阳平，再次是阴平，去声发音时间最短。普通话四个声调的特点如下。

（一）阴平调

普通话的阴平调高而平直，没有升降变化，起点、终点都在最高的5度上，调值为“55”，又称为高平调，或“55调”。例如：

逼 击 青 山 光 辉 割 郭

（二）阳平调

普通话的阳平调由中向高扬起，起点在3度，终点在5度，调值为“35”，发音时直线上升，是中升调。例如：

白 民 儿 童 读 节 学 人

（三）上声调

普通话的上声调是先降再升，起点是2度，降到1度，又升到4度，调值为“214”。是前半段降低，后半段升高的曲折调。例如：

水 北 笔 百 尺 美 有 好

（四）去声调

普通话的去声调是全降调，起点是5度，终点是1度，调值为“51”。例如：

毕 日 创 造 电 色 质 视

> **提示语**
>
> 普通话的声调主要凭语感发音，因而要真正读准普通话的四个声调，就要反复听规范的读音，跟着练读，再按声调练习的例字、例词，反复练读。如练读“诗”“时”“使”“是”这样的同声同韵四声字时，要做到发音准确到位，能熟练读出任何一个字的普通话的四个调值。

做中学

要求：在教师的指导下，完成下列音节的四声训练。步骤如下。

①教师提示，自己训练。

②同桌对练，互相指正。

学习笔记

③个别汇报，教师指导。

1. 单字四声顺序

巴	拔	把	爸	衣	移	椅	易	迂	余	雨	玉
锅	国	果	过	积	极	挤	记	妈	麻	马	骂
乌	吴	五	务	区	渠	取	去	扑	仆	普	铺

2. 双音节

(1)同调相连

阴＋阴：	分钟	今天	沙滩	师专	哀伤	冰川
	穿插	东风	工兵	参军	鲜花	书桌
阳＋阳：	仍然	从容	寻求	团结	雷霆	岩石
	儿童	学习	才能	人名	红旗	流传
去＋去：	训练	判断	报告	现代	密切	复信
	目录	再见	热烈	近代	毕业	顾问

(2)异调相连

阴＋阳：	山崖	收藏	发言	帮闲	关怀	温存
	观察	中国	天堂	加强	奔忙	张扬
阴＋上：	千古	艰苦	猫眼	山谷	书法	光谱
	终点	思想	中午	黑板	批准	插口
阴＋去：	师范	专业	欢乐	听众	膝盖	加入
	真正	规范	中外	工作	花絮	观众
阳＋阴：	河山	黄昏	航空	雄姿	阳光	黄山
	狂欢	华东	长江	雄心	决心	桥墩
阳＋上：	鼻孔	民主	宏伟	没有	即使	游览
	言语	长远	牛奶	联想	评审	模仿
阳＋去：	求救	神圣	强烈	游历	于是	难道
	实际	排练	情愿	决定	程序	童趣
去＋阴：	爱惜	定居	内心	幸亏	创刊	列车
	大约	乐观	健康	客观	气功	信心
去＋阳：	测量	适合	帝王	空白	教材	季节
	数学	暂时	不能	召集	乐园	后勤
去＋上：	大款	酷暑	办法	汉语	赞美	作品
	父母	矿产	购买	个体	敬礼	至少

(3)声调对比训练

注意在对比中，把握声调的特点，纠正方音。

第一组：

失势 实施 史诗 事实 大师 大石 大使 大事
厂方 厂房 常访 常放 知识 直视 指示 制式
孤立 鼓励 故里 医务 贻误 义务
禁区 进取 进去 艰巨 检举 间距

第二组：

花心 花篮 花蕊 花瓣 国家 国防 国土 国库
山巅 山崖 山谷 山洞 同乡 同学 同等 同志
人家 人为 人口 人事 主观 主人 主管 主义
电灯 电石 电影 电视 月光 月球 月底 月色

3. 四音节词语

注意前后音节调值相连产生的变化，也要注意词语轻重音格式的不同带来的调值的细微变化。

(1)四声同调训练

春天花开 珍惜光阴 居安思危 江山多娇 息息相关
轮船航行 和平繁荣 全员团结 闻名全球 提前完成
变幻莫测 名存实亡 爱护备至 意气用事 创造纪录
声东击西 竞赛项目 岂有此理 党小组长 浴血奋战

(2)四声顺序训练

英雄好汉 光明磊落 深谋远虑 风调雨顺 高朋满座
花红柳绿 高扬转降 区别显著 非常好记 阴阳上去
鞍前马后 优柔寡断 千锤百炼 花团锦簇 心明眼亮
山明水秀 兵强马壮 山河锦绣 酸甜苦辣 风调雨顺

(3)四声逆序训练

墨守成规 握手言欢 背井离乡 弄巧成拙 痛改前非
调虎离山 妙手回春 袖手旁观 逆水行舟 奋起直追
万古长青 破釜沉舟 暮鼓晨钟 刻骨铭心 去伪存真
智勇无双 四海为家 异口同声 大显神通 驷马难追

(4)四声混合训练

信口开河 得心应手 五光十色 斗志昂扬 欣喜若狂
班门弄斧 初出茅庐 大显神通 逆水行舟 满园春色
背井离乡 妙手回春 四海为家 虚怀若谷 轻描淡写
龙争虎斗 精卫填海 忧心如焚 悲欢离合 来龙去脉

学习笔记

(5)绕口令

①一二三，三二一，一二三四五六七，七六五四三二一。一个姑娘来摘李，一个小伙儿来摘梨，一个小孩儿来拣栗。三人一起出大力，摘完李子栗子梨，拉到市上去赶集。

②河边一棵柳，柳下一头牛。牛要去顶柳，柳枝缠牛头。牛顶柳，柳缠牛，牛顶翻了柳，柳缠住了牛的头。

拓展练习

1. 读一读，注意纠正错误发音问题。

(1)阳平训练

①读单字

博　婆　膜　佛　　德　隔　咳　和

夺　驮　挪　罗　　拔　爬　麻　乏

②读词语

第一组：阴＋阳

收藏　发言　加强　奔忙　奔流　参谋　蹉跎　张扬

观察　中国　天堂　忠诚　诙谐　精华　山崖　生活

(训练提示：借助阴平的高平调值，帮助发好阳平。一定要注意保持好阴平的55调值，调尾不要下滑，然后直升到5)

第二组：去＋阳

祝福　掠夺　越级　玉石　木筏　密集　蜡烛　暂时

恶毒　墨菊　列席　斥责　六十　克服　测量　数学

(训练提示：去声全降到1时，非常容易导致阳平起点偏低，一定要注意克服)

第三组：阳＋阳

才华　人民　荣华　博学　求学　循环　农民　联合

国情　前途　白来　残存　韩国　食堂　辞职　随从

(训练提示：阳平同调，尤需注意的是后一音节的阳平调。重音在后字，读到它时，仍需保持高升的调值，不要因为是词尾而降低调值)

(2)上声的训练

①读单字

宝　跑　卯　岛　　打　塔　哪　马

挤　企　洗　以　　比　匹　米　你

②读双音节词语

第一组：阴＋上

潇洒 消肿 歌咏 花圃 飘洒 清早 光彩 冬泳

中午 篝火 松果 歌手 牵强 瞻仰 冬笋 倾吐

（提示：受前面音节声调的影响，上声字起点容易偏高，注意纠正）

第二组：阳＋上

直爽 勤恳 成果 吟咏 前景 柔软 华北 容许

贫苦 遥远 人口 晴朗 联想 传统 文采 完整

（提示：注意阳平的高点 5 和上声低起的 2 之间的转承）

第三组：去＋上

酵母 大脑 对准 赡养 碧海 创举 占有 后果

洞晓 赞美 妄想 炼乳 记者 剧本 进取 袖手

（提示：可以借助去声调尾的特点，找到上声低起的感觉，帮助发好上声）

2. 将以下音节写上汉字，然后再朗读，并体会声调区别意义的作用。

huòchē huǒchē　　dàyī dàyì　　zhǐshì zhǐshǐ

jìnqū jìnqǔ　　gǔlì gūlì　　xiūlǐ xiūlì

bāowéi bǎowèi　　gèxìng gēxīng　　tícái tǐcái

xìngmíng xìngmìng　　shǔjià shūjià　　chǎngfāng chǎngfáng

3. 读准以下双音节词语。

翘首 qiáoshǒu　　慷慨 kāngkǎi　　酩酊 mǐngdǐng　　良莠 liángyǒu

陨落 yǔnluò　　纪律 jìlǜ　　勘探 kāntàn　　倡导 chàngdǎo

狩猎 shòuliè　　中庸 zhōngyōng　　憎恨 zēnghèn　　脂肪 zhīfáng

黄鹂 huánglí　　炎热 yánrè　　研究 yánjiū　　殡葬 bìnzàng

伪装 wěizhuāng　　妇孺 fùrú　　眼眶 yǎnkuàng　　收敛 shōuliǎn

帆船 fānchuán　　蜿蜒 wānyán　　绮丽 qǐlì　　肖像 xiàoxiàng

间隙 jiànxì　　板块 bǎnkuài　　档案 dàng' àn　　针灸 zhēnjiǔ

沮丧 jǔsàng　　企业 qǐyè

4. 注意同一字在不同语境中的读音，读准下面词语。

铺排 铺位　　栏杆 笔杆　　供应 供认

挑水 挑拨　　良种 种植　　美好 喜好

教书 教育　　脏话 脏腑　　鸟笼 笼络

复辟 开辟　　倒塌 倒叙　　空白 空中

号叫 号召　　背带 背后　　处理 处所

中心 看中　　少数 少年　　冲突 冲床

缝纫　缝隙	旋即　旋风	假如　假日
发现　发型	揣度　制度	吐气　呕吐
骨气　骨碌	别离　别扭	参观　参差
外壳　地壳	为难　为何	颜色　掉色
强大　强迫	好坏　好恶	磨难　磨坊
臭气　乳臭	漂流　漂亮	模范　模样

5. 朗读诗歌。

①秋风秋风吹吹，树叶树叶飞飞，好似翩翩蝴蝶，张开翅膀追追。

宝贝宝贝急急，叶儿叶儿停停。等我折个飞机，咱们赛赛高低！

②风是树叶的梳子，梳着树叶的头发；

扫帚是马路的梳子，梳着马路的头发；

船是大海的梳子，梳着大海的头发；

飞机是天空的梳子，梳着天空的头发；

妈妈的手是我的梳子，梳着我的头发。

学习主题二 声母发音练习

扫码看视频

情境案例

兰兰在走廊上遇到了大三班的倪老师，她恭恭敬敬地喊了一声“黎老师”。旁边黎老师应声走过来问道：“你找我有事吗?”兰兰说：“我喊‘黎老师’，不是找您”。黎老师说：“你明明是喊我，却说不是找我，怎么回事?”倪老师笑着说：“兰兰语音上 n 和 l 不分。”这才消除了误会。

汉字字音中开头的辅音音素叫声母。普通话中共有 21 个辅音声母，它们分别是 b、p、m、f、d、t、n、l、g、k、h、j、q、x、zh、ch、sh、r、z、c、s。

普通话中有一类不是以辅音开头，而以元音开头，如“安(ān)”“鹅(é)”等，这些以元音开头的音节，叫零声母音节。零声母音节分为两类：一类是以 a、o、e 开头的，如“安(ān)”“恩(ēn)”“欧(ōu)”。在拼写的时候，音节开头部分原来辅音声母的位置为零，读音时，按照韵母的读音来读。另一类是以 i、u、ü 开头的，如“衣(yī)”“屋(wū)”“鱼(yú)”。在拼写的时候，原来辅音声母所在的位置变为 y、w。但 y、w 不是声母，它们是起隔开音节作用的字母，读音时，这些音节在发音起始时带有轻微的摩擦。

一、声母的发音部位

学习笔记

声母的发音是由两方面决定的，即发音部位和发音方法。发音时，发音器官阻碍气流的位置叫作发音部位，即形成阻碍的部位。发音器官总是成对的，因为要由两个部位互相接近或互相抵住，控制气流，才能发出声音。发音部位是造成发音不同的主要原因。汉语中有 7 个发音部位，由前到后分别是双唇、唇齿、舌尖(前、中、后)、舌面(前、后)。

（一）双唇音 b、p、m

双唇音指上唇与下唇接触形成阻碍而发出的辅音，即双唇闭合阻塞气流形成的音，普通话共有 3 个双唇音，分别是 b、p、m。

b	板报	包办	北部	宝贝
p	澎湃	评判	婆婆	偏旁
m	明媚	美满	买卖	面貌

（二）唇齿音 f

唇齿音指上齿和下唇接触形成阻碍而发出的辅音。普通话只有一个唇齿音 f。

f	方法	非凡	丰富	反复

（三）舌尖前音 z、c、s

舌尖前音是舌尖与上齿背接触形成阻碍而发出的辅音。普通话共有 3 个舌尖前音，分别是 z、c、s。

z	自足	最早	祖宗	藏族
c	匆匆	仓促	层次	草丛
s	思索	嫂嫂	搜索	三思

（四）舌尖中音 d、t、n、l

舌尖中音指舌尖接触上齿龈形成阻碍发出的辅音。普通话共有 4 个舌尖中音，分别是 d、t、n、l。

d	等待	达到	登顶	地点
t	天天	团体	疼痛	探讨
n	牛奶	男女	南宁	能耐

l　理论　联络　流露　力量

（五）舌尖后音 zh、ch、sh、r

舌尖后音是舌尖翘起与硬腭前部形成阻碍而发出的辅音。普通话共有 4 个舌尖后音，分别是 zh、ch、sh、r。

zh　正在　政治　战争　主张

ch　处处　长城　超出　出差

sh　少数　叔叔　实施　事实

r　容忍　荣辱　仍然　软弱

学习笔记

（六）舌面前音 j、q、x

舌面前音是舌面前部和硬腭前部形成阻碍而发出的辅音。普通话共有 3 个舌面前音，分别是 j、q、x。

j　积极　解决　经济　季节

q　确切　亲戚　亲切　请求

x　详细　相信　现象　学习

（七）舌面后音g、k、h

舌面后音是舌面后部和软腭接触或靠近形成阻碍而发出的辅音。普通话共有 3 个舌面后音，分别是 g、k、h。

g　公共　改革　哥哥　各个

k　可靠　开垦　刻苦　宽阔

h　缓和　辉煌　后悔　合乎

舌尖前音、舌尖中音、舌尖后音都是舌尖起作用，但并不是把舌尖分段，而是以与舌尖相对形成阻碍的部位的前、中、后来指称。与上齿背形成阻碍发出的音叫舌尖前音，与上齿龈形成阻碍发出的音叫舌尖中音，与硬腭前部构成阻碍发出的音叫舌尖后音。声母的发音部位是造成声母发音不同的主要原因。

二、声母的发音方法 >>>>>>>>>>>>>>>>>>>>>>>>>>>>>>

发音方法指发音时气流在喉头、口腔和鼻腔内受到节制的情况，可从以下三个方面来区分。

（一）阻碍方式

声母发音，气流通过发音器官受阻，一般可以分为三个阶段：成阻——发音部位开始闭合或接近，形成阻碍，是作势阶段；持阻——发音器官紧张，气流受到不同程度的阻碍，阻碍持续，是持阻阶段；除阻——发音器官恢复原来的位置，阻碍解除，是结束阶段。

根据成阻、持阻和除阻方式的不同，可把普通话的声母分成：塞音、擦音、塞擦音、鼻音、边音。

学习笔记

1. 塞音

发音时，形成阻碍的两个部分完全闭塞，阻住气流，然后猛然放开，使积蓄的气流透出，爆发破裂成声。用这种方法发出的声母有 6 个：b、p、d、t、g、k。

b	爸爸	辨别	标兵	八百
p	偏偏	批评	偏颇	匹配
d	地点	弟弟	道德	大地
t	抬头	谈天	淘汰	体贴
g	刚刚	灌溉	各国	古怪
k	看看	困苦	开阔	可口

2. 擦音

发音时，形成阻碍的发音器官相互接近，形成一条缝隙，软腭和小舌上升，堵住气流通往鼻腔的通路，气流从缝隙中流出，摩擦成声，又称摩擦音。用这种方法发出的声母有 6 个：f、h、x、sh、s、r。

f	夫妇	纷纷	反复	奋发
h	呼唤	欢呼	荷花	好汉
x	虚心	新鲜	小学	休息
s	私塾	诉讼	撕碎	飒飒
sh	试试	上升	手术	少数
r	忍让	冉冉	人人	闰日

3. 塞擦音

发音时，形成阻碍的两个部分完全闭塞，阻住气流，然后慢慢打开，形成一条窄缝，使气流从窄缝中挤出来。用这种方法发出的声母有 6 个：j、q、zh、ch、z、c。

j	将军	姐姐	仅仅	阶级
q	情趣	悄悄	气球	祈求
zh	主张	住宅	执照	指正
ch	橱窗	拆穿	超出	惆怅
z	在座	枣子	造作	总则
c	粗糙	猜测	从此	寸草

学习笔记

4. 鼻音

发音时，口腔通道完全闭塞，使气流从鼻腔出来。用这种方法发出的声母有2个：m、n。（另有一个鼻音ng在普通话里不作声母，专作韵尾）。

m　弥漫　妹妹　眉毛　盲目

n　奶娘　袅娜　囡囡　拿捏

5. 边音

发音时，舌尖上抬与上齿龈形成阻碍，阻塞气流，使气流从舌的两边流出。用这种方法发出的声母只有一个：l。

l　流露　浏览　玲珑　历来

（二）声带颤动

按照声带是否颤动，辅音可以分为两种，即清音和浊音。

①清音：b、p、f、d、t、g、k、h、j、q、x、zh、ch、sh、z、c、s。发音时，声带不颤动的音。

②浊音：m、n、l、r。发音时，声带颤动的音。

（三）气流强弱

按照发音时气流的强弱，可把塞音和塞擦音分成送气音和不送气音。

①送气音：p、t、k、q、ch、c。发音时，气流比较强的塞音和塞擦音。

②不送气音：b、d、g、j、zh、z。发音时，气流比较弱的塞音和塞擦音。

三、声母辨正发音训练 >>>>>>>>>>>>>>>>>>>>>>>>>>>>

（一）辨正鼻音声母n和边音声母l

1. 误读与缺陷

(1)没有鼻音声母n(或鼻音微弱)

鼻音声母n被边音声母l代替。如“男女”(nánnǚ)与“褴褛”(lánlǚ)读音相同。

(2)边鼻不分，自由变读

鼻音声母n与边音声母l混为一谈，分不清楚。或者将n声母与l声母的字音都念成n作声母，但鼻音通常较弱；或者念成l的鼻化音声母，造成了既不是n音，也不是l音，结果是n、l不分，自由变读。

(3)声母 n 与韵母 i 构成音节时，念成零声母音节

鼻音声母 n 与韵母 i 构成音节时，辅音 n 被省掉，使原音节变为零声母音节，或在韵母前加 y，或改 i 为 y。如“你”(nǐ)误读成“yǐ”等。

(4)声母 l 与韵母 ü 构成的部分音节念成零声母音节

边音声母 l 与韵母 ü 构成音节时，辅音 l 被省掉，使原音节变为零声母音节，或在韵母前加 y，或改 i 为 y。如“吕”(lǚ)误读成 yǔ 等。

学习笔记

2. 分辨 n 与 l 声母的发音要领

在学习 n、l 的正确发音时，首先要辨别这两个声母的不同音色。其次按照发音方法的要求纠正。发 n 时舌尖抵住上齿龈，软腭一定要下降，尽力体会使舌头两边紧贴上齿背的感觉，使气流从鼻腔里出来。此时可试着用手堵住鼻孔，如果觉得发音有困难而且耳膜有共鸣感，就是 n 音。发 l 的时候，舌尖抵住上齿龈，软腭上升，堵住鼻腔气流，舌头两边下垂，气流可从舌头两边流出，此时用手堵住鼻孔，觉得发音不困难，这就是 l 音了。

3. 分辨 n 与 l 声母的方法

(1)借助汉字声旁分辨

①记住同声旁的代表字，其他字依此类推，这样可以记住大部分字。例如：

令—岭、玲、领、零；宁—拧、泞、咛、狞。

②记住声母为 n 的代表字。例如：

那(哪)	内(纳)	奈(捺)	乃(奶)	囊(囔)
南(楠)	奴(努)	脑(恼)	尼(泥)	倪(霓)

(二)辨正声母 zh、ch、sh、r 和 z、c、s

1. 误读与缺陷

(1)无翘舌声母 zh、ch、sh、r

将普通话翘舌声母 zh、ch、sh 的字音一律念成用 z、c、s 作声母的字音，将声母 r 念成[z]([z]的发音状况：舌尖前、塞擦音)。

(2)发音时，舌位不正确，zh、ch、sh、r 发音不准

如“师生”(shīshēng)念成“sīsēng”。即便是有平翘之分的方言的翘舌声母 zh、ch、sh、r 与普通话的翘舌声母 zh、ch、sh、r 也存在差异，主要表现为：zh、ch、sh、r 的发音部位略靠前(舌尖顶住牙龈)或略靠后(舌头卷起来顶住硬腭后部)。

(3)发音时，口腔舒展度不够，声母平翘舌音模糊不清

方言里发翘舌声母 zh、ch、sh、r 和平舌声母 z、c、s 时，不注意口

学习笔记

形，口腔常常收得很小，发出的声母 zh、ch、sh、r 不是翘舌音，给人的感觉倒像是抬舌音，不是舌头舒展开舌尖翘起来，而是舌面平抬伸着。

(4)声母 zh、ch、sh 或声母 z、c、s 之间混念

把 zh 念成 ch，ch 念成 sh，sh 念成 zh，或者把 z 念成 c，把 c 念成 s 等在一些方言也存在。例如，“造”(zào)念成 cào，“泽”(zé)念成 cé，“伸”(shēn)念成 chēn 等。

2. 声母 zh、 ch、 sh、 r 与 z、 c、 s 的发音要领

声母 zh、ch、sh、r 的发音是：将舌尖向上翘起，抵住前硬腭(即上齿龈后隆起处)，口腔自然展开。注意舌尖与前硬腭接触面不能过宽。练习的方法是：首先发 r 的呼读音 ri，拖长其尾音，这个尾音就是 zh、ch、sh 的韵母，再加上声母 zh、ch、sh，拼的音就是翘舌音 zh、ch、sh 的呼读音 zhi、chi、shi。声母 z、c、s 的发音是：舌尖轻轻顶住上齿背，逐渐放开，形成一条窄缝，气流从中挤出。

3. 分辨 zh、 ch、 sh、 r 与 z、 c、 s 声母的发音方法

①采取形声字的偏旁进行类推的方法，例如：

中—忠、种、肿　　子—孜、字、仔

才—才、材、财　　山—汕、疝、讪

②采取记住部分非代表字的方法。例如：

做、灾、再、走、钻、嘴　　杂、扎、载、族、栽、邹

在、葬、凿、枣、皂、贼　　脏、蚤、足、暂、怎、早

（三）辨正声母 f 和声母 h 的字音

1. 误读与缺陷

(1)声母 f、h 不分，绝大部分字音反念

把声母 f 的字音念成了 h 作声母，把声母 h 的字音念成了 f 作声母。如把“飞机”(fēijī)念成“huījī”。

(2)声母 h 与韵母 u 相拼时，念成了 f 作声母

把声母 h 与韵母 u 构成的音节念成 f 作声母。如“互相”(hùxiāng)念成 fùxiāng，“爱护”(àihù)念成 àifù 等。

2. 声母 f 和 h 的发音要领

f 是唇齿音，上齿靠在下唇上面形成阻碍，并留有缝隙，气流从中挤出，摩擦成音；h 是舌根音，舌面后部与软腭形成阻碍，气流从缝隙间挤出成音。在练习过程中，要注意它们的发音区别。

3. 分辨 f 和 h 声母的发音方法

采取形声字的偏旁进行类推的方法，例如：

户—沪、护、扈　　　　凡—帆、钒、矾

胡—湖、糊、瑚

（四）几种特殊的声母误读

1. 将 zh、ch、sh **读成** j、q、x **与** z、c、s

吴方言区会出现声母 zh、ch、sh 与 j、q、x 混用的情况，如把“知道”读成“机道”，“少数”读成“小数”等。还有的常把 j、q、x 发成 z、c、s，如把“九”(jiǔ)读成 ziǔ。产生这种错误的主要原因是舌面前音 j、q、x 是由舌面前部与硬腭形成阻碍而发声的，有些人在发音时，成阻、除阻的部位太靠近舌尖，发出的音带有“刺刺”的舌尖音的味道，属于语音缺陷。

辨正练习：

战舰	章节	真假	折旧	价值	集镇	加重
协商	水仙	现实	欣赏	兴盛	顺心	撤退
记者	初期	长枪	拉扯	彻底	瘦小	舌头
奢侈	插曲	常青	启程	球场	汽车	清澈

2. 将不送气声母 b、d、g、j、zh、z **与送气声母** p、t、k、q、ch、c **混读**

普通话里念不送气声母的部分字音，在方言里有的念成送气声母的字音。如把“秩序”(zhìxù)念成 chìxù，“创造”(chuàngzào)念成 chuàngcào 等。反之，普通话里念送气声母的部分字音，方言里却念成不送气声母的字音。如把“入场券”(rùchǎngquàn)念成 rùchǎngjuàn，“翅膀”(chìbǎng)念成 zhìbǎng 等。

辨正练习：

被服	佩服	鼻子	皮子	挂上	跨上	队伍	退伍
饱了	跑了	调动	跳动	河道	核桃	尖子	钎子
步子	铺子	肚子	兔子	干完	看完	关心	宽心
机器	价钱	近亲	坚强	吃斋	车站	城镇	沉重
支持	专场	战船	征程	前进	勤俭	抢救	请假
字词	早餐	杂草	资财	参赞	存在	次子	操纵

3. 零声母辨音练习

普通话的四呼中都有零声母的字，而有些方言往往加上 n、m、ng(鼻辅音)等声母。如绍兴话把“蚊”读成“门”，上海话把“严”读成“年”；这些零声母的字的音节念成带有鼻辅音 ng 为声母的音节。所以在读这类普通话零声母字时要特别注意丢掉附加的声母。

学习笔记

辨正练习：

(1)辅音声母加零声母

成语　平原　十二　欢迎　错误　治安

(2)零声母加辅音声母

尾巴　耳朵　爱护　眼睛　问题　月饼

(3)零声母加零声母

疑问　微微　咬牙　外语　原文　忘我

做中学

【练习一】

1. 读准下列词语，比较声母 n 与声母 l 的发音差异。步骤如下。

①教师提示，自己训练。

②同桌对练，互相指正。

③个别汇报，教师指导。

比较练习

女客　旅客　男子　篮子　难住　拦住　留念　留恋

连用练习

n—n　牛奶　呢喃　能耐　南宁　忸怩　农奴　奶娘

l—l　理论　料理　流利　老练　来临　淋漓　历来

组合练习

暖流　烂泥　尼龙　脑力　能量　辽宁　老年　留念

词语练习

哪个　那些　纳税　奶粉　难度　脑力　闹事　内部

耐心　南部　男子　年代　念头　鸟儿　囊括　纽扣

泥土　尼龙　拟定　奴隶　女性　暖和　你们　逆流

捏合　柠檬　凝固　奴役　挪动　拿办　牛奶　扭转

绕口令练习

老农恼怒问老龙，老龙怒恼问老农，

农怒龙恼农更怒，龙恼农怒龙怕农。

[n：农(nóng)、恼(nǎo)、怒(nù)，l：老(lǎo)、龙(lóng)]

学习笔记

【练习二】

1. 比较 zh、ch、sh、r 和 z、c、s 的发音差异，读准下列词语。

比较练习

zh—z

昼夜—奏乐	战歌—赞歌	照耀—造药
小周—小邹	知识—姿势	竹子—卒子
棉纸—棉籽	志在—自在	制止—字纸
智力—自力	摘花—栽花	短站—短暂

ch—c

有翅—有刺	乱吵—乱草	木柴—木材
饮尝—隐藏	初步—粗布	持续—词序
猖狂—仓皇	一成—一层	长生—藏身
赤豆—次豆	推迟—推辞	插图—擦图

sh—s

筛子—塞子	打闪—打伞	叙述—告诉
事实—四十	闪光—散光	山歌—三哥
数目—肃穆	输油—酥油	诗人—私人
和善—合散	午睡—五岁	收集—搜集

连用练习

zh 组连用

zh—ch 职称　正常　　zh—sh 知识　植树

ch—zh 产值　城镇　　ch—sh 常识　传说

sh—zh 始终　收支　　sh—ch 首创　商场

z 组连用

z—c 早操　自从　　z—s 自私　再三　　c—z 操作　存在

s—z 虽则　孙子　　s—c 色彩　随从　　c—s 彩色　才思

组合练习

战斗	车站	专业	砖头	转业	传记	篆刻
撰写	组织	杂志	在职	赞助	振作	装载
种族	制造	蚕虫	操场	财产	擦车	炒菜
冲刺	尺寸	陈辞	汽车	瞻仰	沾光	毡房
展览	灯盏	斩断	占领	桑树	算术	宿舍
松树	神色	失散	深思	哨所	原则	选择

学习笔记

泽国 责任 平仄 侧面 检测 恻隐 厕所

簪子 咱们 积攒 赞成 暂时 参加 午餐

遮盖 折断 车辙 老者 褶子 甘蔗 这儿

【练习三】

1. 读准下列词语，比较 f 声母与 h 声母的发音差异。

比较练习

公费 工会 防风 黄蜂 废话 绘画

开放 开荒 富丽 互利 白发 白话

h—f

会费 挥发 花房 话锋 祸福 回复 荒废 混纺 后方

f—h

发挥 赴会 反悔 繁华 风华 凤凰 返回 复活 分化

连用练习

f—f 反复 奋发 方法 丰富

h—h 火花 花环 欢呼 黄昏

组合练习

发挥 繁华 凤凰 饭盒 恢复 会费 回访 豪放

反悔 防洪 复活 附会 腐化 烽火 返航 奉还

【练习四】

1. zh、ch、sh、z、c、s 与 j、q、x 的对比辨音练习。

墨汁 墨迹 交织 交际 蜜汁 密集 确实 缺席

昼夜 就业 盛名 姓名 失礼 洗礼 烧窑 逍遥

缉私 集资 其次 袖子 下策 习字 戏词 资金

字迹 字据 自己 自觉 瓷器 刺激 思绪 私交

私情 私心 司机 丝线 四季 剪除 精致 趋势

2. 送气与不送气音的对比辨音练习

摘花 折花 长江 长枪 精华 清华 吉利 奇丽

扎针 插针 天公 天空 子弟 此地 大字 大刺

陪伴 配备 破败 盘剥 编排 被迫 奔跑 爆破

偷盗 坦荡 态度 天地 赶快 港口 攻克 高亢

肯干 客观 考古 开工 代替 地毯 带头 灯塔

学习笔记

3. 零声母辨音练习

爱心 耐心 傲气 闹气 纹路 门路 海岸 海滩

万丈 慢帐 大义 大逆 语序 女婿 无味 妩媚

阿姨 挨饿 昂扬 熬药 偶尔 扼要 压抑 沿用 演义

拓展练习

1. 单音节字词对比练习

闸—杂 插—擦 杀—撒 哲—则 是—寺 摘—栽

彻—册 设—色 纸—紫 池—词 柴—才 筛—鳃

臭—凑 收—艘 站—暂 产—惨 张—脏 昌—仓

伤—桑 睁—增 找—早 超—操 少—扫 周—邹

2. 双音节词语训练

主宰	猪鬃	制作	治罪	沼泽	职责	指责	转赠	铸造
制裁	注册	政策	珠翠	仲裁	致辞	祝词	榨菜	中餐
真丝	整肃	致死	诊所	周岁	转送	装蒜	正色	长孙
斥责	超载	池子	赤字	插嘴	插足	插座	茶座	掺杂
差错	场次	长辞	陈醋	冲刺	车次	成材	揣测	尺寸
茶色	拆散	场所	超速	沉思	陈诉	称颂	吃素	重孙
生造	失踪	氏族	盛赞	始祖	涉足	肾脏	识字	师资
赏赐	上层	上苍	水彩	水草	鼠窜	顺从	深藏	身材
食宿	石笋	申诉	神速	疏散	神色	输送	誓死	收缩
总之	自转	自传	组织	坐镇	在职	自主	杂志	栽种
资产	祖传	组成	最初	尊称	尊崇	杂处	在场	赞成
作数	杂史	杂书	杂耍	杂税	再生	在世	宗室	左手
彩照	参政	参照	侧重	惨重	辞章	词缀	餐桌	瓷砖

3. 绕口令训练

①时事学习看报纸，报纸登的是时事。常看报纸要多思，心里装着天下事。

②三山撑四水，四水绕三山。三山四水春常在，四水三山总是春。

③狮子山上狮子寺，山寺门前石狮子。山寺是禅寺，狮子是石狮。狮子保护狮子寺，禅寺保护石狮子。

④四是四，十是十，十四是十四，四十是四十，谁能说准四、十、十四、四十四，谁来试一试。

4. 儿歌训练

①滴答，滴答，下小雨啦，柳树说，下吧，下吧，我要发芽。梨树说，下吧，下吧，我要开花。麦苗说，下吧，下吧，我要长大。

②露珠在荷叶上睡觉，星星在天空中睡觉，宝宝在小床上睡觉。露珠的梦是绿的，星星的梦是亮的，宝宝的梦是甜的。

③秋风吹，白云飘，飘过山，飘过桥，飘上柳树梢，挂住不动了。我叫奶奶取下来，做件暖和的大棉被。

④早上空气真叫好，大家一起做早操，伸伸臂，弯弯腰，踢踢腿，蹦蹦跳，天天锻炼身体好。

学习主题三 韵母发音练习

情境案例

幼儿园里，一个小朋友答对了问题，老师带领全班小朋友表扬他，大家一边拍手一边念："棒棒棒，你真棒！"但是听起来却像是在说："笨笨笨，你真笨！"

原来，老师把后鼻韵母发成了前鼻韵母，再加上发"a"时开口度不够，"棒"听起来就像"笨"。这可不就闹了笑话。

扫码看视频

普通话的韵母共有 39 个，分为单韵母、复韵母、鼻韵母三种。

单韵母共 10 个：a、o、e、i、u、ü、ê、－i(前)、－i(后)、er。

复韵母有 13 个：ai、ei、ao、ou、ia、ie、ua、uo、üe、iao、iou、uai、uei。

鼻韵母有 16 个：an、en、ian、in、uan、uen、üan、ün、ang、eng、ong、iang、ing、iong、uang、ueng。

一、韵母的发音部位 >>>>>>>>>>>>>>>>>>>>>>>>>>>>>

（一）单韵母

a 发音时口大开，可以在前(前 a)，发音靠前；可以在后(后 a)，发音靠后；也可以在中央(央 a)，发音居中。

o 和 e 都是后元音，区别在于 o 圆唇，e 不圆唇。ê 不单独运用，在发音时开口度比 e 稍大。

i、u、ü 都是高元音。区别在于 ü 圆唇，i 不圆唇。u 在发音时，唇形保持撮圆状态，舌头位置是先后再前，发音时能明显感到舌头在口腔中由后向前的变化。

—i(前)、—i(后)都是不圆唇元音。—i(前)只能与 z、c、s 相拼，—i(后)只能与 zh、ch、sh、r 相拼。

er 在发音时先把舌头放在口腔中央，不前不后，不高不低，在发 e 的同时卷舌。

（二）复韵母

ai、ei、ao、ou 中的前一个元音是韵腹，后一个元音是韵尾。在发音时由韵腹的发音逐渐向韵尾的发音过渡，整个发音过程中口腔由大变小，声音由洪亮逐渐轻弱。韵尾的发音轻短、模糊。

ia、ie、ua、uo、üe 中的前一个元音是韵头，后一个元音是韵腹。在发音时由韵头迅速过渡到韵腹上，整个发音过程中，口腔迅速由小变大，韵头的发音非常短暂，韵腹的发音响亮、清晰、稳定。

学习笔记

iao、iou、uai、uei 这 4 个复元音韵母中间的元音是韵腹，前面的元音是韵头，韵腹后面的元音是韵尾。在发音时，由韵头迅速过渡到韵腹上，韵腹发音响亮、清晰，然后逐渐过渡到韵尾上，声音逐渐轻弱。

（三）鼻韵母

前鼻韵母在发音时，先发元音，再发鼻音，由元音逐渐向鼻音过渡，不可将元音和鼻音合并成鼻化音发出。

后鼻韵母发音基本与前鼻韵母相同。在发音时，用舌根抵住软腭，气流自鼻腔出来时停止发音。

二、韵母的发音方法 >>>>>>>>>>>>>>>>>>>>>>>>>>>>

（一）单韵母发音

单韵母的发音，除 er 外，都是一个单纯的动作，即舌位、唇形及开口度按发音要求维持发音状态始终不变，没有动程。

普通话的单韵母有 10 个，根据发音时舌头的部位和状态可分为三类：舌面韵母、舌尖韵母、卷舌韵母。

1. 舌面韵母

舌面韵母发音时，舌面起主要作用。舌面韵母的不同音色，取决于不同形状的口腔共鸣器对音波的调节。

(1)ɑ(尖、低、不圆唇元音)

发音时，口腔大开，舌头居中，舌位低，唇呈自然状态。

(2)o(中、后、圆唇元音)

发音时，口腔半闭，舌位半高，舌头后缩，嘴唇拢圆。

(3)e(后、半高、不圆唇元音)

发音状况大体与 o 相同，只是双唇自然展开成扁形。

(4)i(前、高、不圆唇元音)

发音时，口腔开度很小，舌头前伸，前舌面上升接近硬腭，气流通路狭窄，但不发生摩擦，嘴唇向两边展开，呈扁平状。

(5)u(后、高、圆唇元音)

发音时，口腔开度很小，舌头后缩，后舌面上升接近硬腭，气流通路狭窄，但不发生摩擦，嘴唇拢圆成一小孔。

(6)ü(前、高、圆唇元音)

发音时，口腔开度很小，舌头前伸，舌面上升接近硬腭，但气流通过时不发生摩擦，嘴唇拢圆成一小孔。发音情况和 i 基本相同，区别是 u 嘴唇是圆的，i 嘴唇是扁的。

(7)ê(前、中、不圆唇元音)

发音时，口腔半开，舌位半低，舌头前伸，舌尖抵住下齿背，嘴角向两边自然展开，唇形不圆。如“欸”的读音。

在普通话里，ê 很少单独使用，经常出现在 i、ü 的后面，在 i、ü 后面时，书写要省去符号“ˆ”。

2. 舌尖韵母

(1)－i(舌尖、前、不圆唇元音)

发音时，舌尖前伸，对着上齿背形成狭窄的通道，气流通过时不发生摩擦，嘴唇向两边展开，唇形不圆。用普通话念“私”并延长，字音后面的部分便是－i。这个韵母只跟 z、c、s 配合，不和任何其他声母相拼，也不能自成音节。

(2)－i(舌尖、后、不圆唇元音)

发音时，舌尖上翘，对着硬腭形成狭窄的通道，气流通过时不发生摩擦，嘴角向两边展开，唇形不圆。用普通话念“师”并延长，字音后面的部分便是－i。这个韵母只跟 zh、ch、sh、r 配合，不与其他声母相拼，也不能自成音节。

3. 卷舌韵母

er(卷舌、元音)

发音时，在发 e 的同时，舌尖向硬腭卷起，嘴唇略展。“er”中的 r 不代表音素，只表示卷舌动作的符号。er 不和其他声母相拼，只能自成音节。如“儿”“耳”“二”等字的韵母。

学习笔记

（二）复韵母发音

复韵母的发音有明显的动程，由一个元音到另一个元音，自然连贯；其中的韵腹受前后音素的影响，实际音值与单元音不同，其中一个音(韵腹)较响亮，是复韵母的重心。

普通话中复韵母共有 13 个。根据韵腹位置的不同，可分为前响复韵母、后响复韵母和中响复韵母。

1. 前响复韵母

前响复韵母由两个元音组成，前面的一个是韵腹，后面一个是韵尾，开头的元音音素响亮清晰，收尾的元音音素轻短、模糊。发音时口腔由大到小。

学习笔记

(1)ai

发音时，唇形开而不圆，先是舌位放低发出 a 音，紧接着舌位渐升，唇形扁，最后发出轻短、含混的 i 音。

(2)ei

发音时，从 e 音的舌位开始向 i 音的舌位移动。e 音清晰、响亮，i 音轻短、含混。

(3)ao

发音时，舌位放低，唇形开而不圆，发出响而长的 a 音，然后舌位逐渐升高，唇形逐渐变圆，最后发出轻短、含混的 o 音。

(4)ou

发音时，从 o 音的舌位开始向 u 音的舌位、唇形移动，o 音响而长，u 音轻短、含混。

2. 后响复韵母

后响复韵母也是由两个元音组成，前一个是韵头，后一个是韵腹。发音特点是前轻后响，即开头的元音 i、u、ü 发音不太响亮，较短促，收尾的元音音素响亮清晰。发音时，舌位由高到低，口腔由小到大。

(1)ia

发音时，先是舌位高，唇形扁，发出轻短的 i 音，接着舌位逐渐降低，唇形变成开而不圆，发出响而长的 a 音。

(2)ie

发音时，先发轻短的 i 音，然后舌位逐渐降到半低，发出较响、较长的 e 音。

(3)ua

发音时，先是舌位高，唇形圆，发出轻短的 u 音，接着舌位降低，唇形变成开而不圆，发出响而长的 a 音。

(4)uo

发音时，先是舌位高，唇形圆，发出轻短的 u 音，接着舌位略低，唇形比 u 音大一些，发出 o 音。

(5)üe

发音时，先双唇收圆撮起，舌头前伸抬高，发出轻短的 ü 音，接着唇位降到半低，发出响而长的 e 音。

3. 中响复韵母

中响复韵母由三个元音组成。前面的元音是韵头，中间的元音是韵腹，后面的元音是韵尾。发音时，韵头轻而短，韵腹清晰响亮，韵尾仅表示舌位移动的方向，发音轻短、模糊。

(1)iao

发音时，舌位由 i 音降到 a 音，再由 a 音升到 o 音。

(2)iou

发音时，舌位由 i 音降到 o 音，再由 o 音升向 u 音。

(3)uai

发音时，由 u 音降到 a 音，再由 a 音升向 i 音。

(4)uei

发音时，舌位由 u 音降到 e 音，再由 e 音升向 i 音。

(iou、uei 同声母相拼时，中间的 o、e 可以省略，简写为 iu、ui)

（三）鼻韵母发音

鼻韵母的发音特点是由元音过渡到鼻音。作韵尾的鼻音 n 和 ng，它们的发音部位不同：发 n 时，舌尖抵住上齿龈；发 ng 时，舌根抵住软腭。n 和 ng 的发音方法是相同的，都是软腭下垂，打开鼻腔通道，气流从鼻腔出来，同时声带振动时，舌尖不要离开上齿龈；练习发 ng 时，舌根不要离开软腭。

普通话的鼻韵母有 16 个，接韵尾的不同可分为两类：以 n 作韵尾的韵母 an、en、in、un、ian、uan、uan、uen(8 个)，称为前鼻韵母；以 ng 作韵尾的韵母有 ang、eng、ong、ing、iang、iong、uang、ueng(8 个)，称为后鼻韵母。

1. 前鼻韵母

(1)an

发音时，舌位放低，口大开，唇不圆，发出 o 音。接着舌位渐升，最后舌尖抵住齿龈，气流改从鼻腔而出，发出鼻音 n。

学习笔记

学习笔记

(2)en

发音时，e 的舌位比单发时略靠前，然后舌位升高，舌尖抵住下齿龈，同时软腭下垂，口腔通路封闭，鼻腔通路打开，气流从鼻腔出来，发出鼻音 n。

(3)in

发音时，舌尖抵到下齿背，舌面抬起接近硬腭，发出 i 音，然后舌尖从下齿背升到上齿龈，气流改从鼻腔而出，发出鼻音 n。

(4)ün

发音时，舌面接近硬腭，唇形撮起，发出 ü 音，然后舌尖从齿背升到上齿龈，气流从鼻腔出来，发出鼻音 n。

(5)ian

发音时，先发舌位高、唇形扁的 i 音，然后舌位逐渐降低，发出舌位靠前的 a 音，再升高，舌尖抵住下齿龈，气流从鼻腔出来发出鼻音 n。

(6)uan

发音时，先发舌位高、唇形圆的 u 音，然后舌位渐降，发出舌位靠高的 a 音，接着舌位再升高，舌尖抵住下齿龈，气流从鼻腔出来发出鼻音 n。

(7)üan

发音时，先发舌位高、唇形圆的 ü 音，接着舌位降低，发出舌位靠前的 a 音，然后舌位再升高，舌尖抵住下齿龈，鼻腔出气，发出鼻音 n。

(8)uen

发音时，舌位抬高接近软腭，发出轻短的 u 音，接着舌位降低，发舌位处于中间的 e 音，然后舌位升高，舌尖抵住齿龈，气流从鼻腔出来，发出鼻音 n。同声母相拼时，中间的 e 可以省略，简写为 un。

2. 后鼻韵母

(1)ang

发音时，舌头稍后缩，唇形不圆，发出 a 音，然后舌根接触软腭，气流改从鼻腔而出，发出鼻音 ng。

(2)eng

发音时，先发稍低、稍前的 e 音，然后舌根抬起抵住软腭，气流从鼻腔出来，发出鼻音 ng。

(3)ong

发音时，舌位半高，唇形圆，发出舌位介于 o、u 之音的 o 音，然后舌根接触软腭，气流改从鼻腔出，发出鼻音 ng。

(4)ing

发音时，舌面接近硬腭，唇形扁，发出 i 音，然后舌头后缩，舌根抬起抵住软腭，气流从鼻腔出来，发出鼻音 ng。

(5)iang

发音时，舌面接近硬腭，唇扁，发出轻轻的 i 音，然后发音动作和 ang 相同。

(6)iong

发音时，先发一个轻短、唇形不太扁的 i 音，然后发音动作和 ong 相同。

(7)uang

发音时，舌面隆起接近软腭，唇拢圆，发出轻短的 u 音，然后发音动作和 ang 相同。

(8)ueng

发音时，先念轻短的 u 音，然后发音动作和 eng 相同。这个韵母不跟其他声母相拼，只有一个自成音节，写作 weng。

学习笔记

三、韵母辨正发音练习 >>>>>>>>>>>>>>>>>>>>>>>>>>>

（一）单韵母辨正练习

1. i 和 ü 的对比练习

(1)i：地理　笔记　积极　秘密　记忆　集体　利益

　ü：女婿　区域　旅居　语句　聚居　须臾　曲剧

(2)i—ü：理由—旅游　风气—风趣　容易—荣誉

　　经济—京剧　得意—德育　意见—遇见

2. e 和 er 的对比练习

(1)e：快乐　科目　哥哥　荷花　国歌　俄罗斯

　er：然而　儿女　鱼饵　耳目　偶尔　出尔反尔

(2)e—er：蛾子—儿子　恶人—二人

　　恶心—耳朵　额外—而且

3. -i（舌尖前音）和-i（舌尖后音）的练习

zi：资本　仔细　子女　自己　字母

ci：此外　次品　词典　磁场　刺激

si：四处　似乎　饲料　私人　思考

zhi：芝麻　支援　知名　肢解　脂粉

chi：齿轮　耻辱　赤手　斥责　驰骋

shi：视觉　食堂　释然　实情　失去

（二）复韵母发音练习

1. 前响复元音韵母

(1) ai 和 ei 的对比练习

悲哀　胚胎　佩戴　黑白　暧昧　白费　排雷

(2) ao 和 ou 的对比练习

逗号　头脑　口号　周报　保守　包头　毛豆

学习笔记

2. 中响复元音韵母

(1) iao 和 iou 的对比练习

邮票　丢掉　柳条　求教　要求　料酒　票友

(2) uai 和 uei 的对比练习

外汇　怪罪　快慰　衰退　最坏　鬼怪　毁坏

3. 后响复元音韵母

(1) ia 和 ie 的对比练习

野鸭　接驾　叠加　押解　家业　嫁接　跌下

(2) ua 和 uo 的对比练习

说话　国花　火花　瓜果　跨国　花朵　华佗

(3) ie 和 üe 的对比练习

灭绝　节约　月夜　确切　血液　解决　谢绝

（三）鼻韵音辨正练习

前后鼻音不分，主要表现在 en 与 eng、in 与 ing 不分，往往将后鼻音读成前鼻音或将前鼻音读成后鼻音。如把“城”chéng 读成 chén，“音”yīn 读成 yīng 等。

前鼻音发音时，动程较短，舌位向前高的位置滑动，一直到发舌尖辅音 n 的位置，点到即止。后鼻音发音时，动程较长，舌位向后高的位置滑动，一直到发舌面后音 ng 的位置，点到即止。

辨正练习：

真　紧　林　烟　甜　吨　春　全　晕　军　盼　算

胖　征　英　令　懂　中　羊　讲　王　装　用　雄

展览　散漫　认真　本人　拼音　亲身　鲜艳　牵连

贯穿　专员　温存　春笋　圆圈　心愿　询问　军训

长江　苍茫　更生　丰盛　宁静　叮咛　共同　想象

湘江　光明　庄重　向往　汹涌　炯炯　英雄　朋友

安居乐业　分秒必争　引人入胜　坚持不懈　环环相扣

茅塞顿开　全心全意　循序渐进　畅所欲言　毕恭毕敬

成人之美　冰清玉洁　枪林弹雨　旷日持久　瓮中捉鳖

汹涌澎湃　今日新闻　平易近人　正大光明　精明强干

做中学

【练习一】

(一)单韵母辨正

歌剧　鸽子　胳膊　疙瘩　颗粒　哥哥　隔壁　蝌蚪

鞠躬　拘束　举办　聚会　菊花　屈居　绝缘　约略

瀑布　不安　木棉　包袱　朴实　牧童　读物　陆续

伯伯　磨坊　陌生　佛教　鳄鱼　作者　饥饿　荷花

钢笔　敌人　秘密　地皮　逼迫　荸荠　激励　寂静

(二)复韵母辨正

1. 前响复韵母

白菜　百元　柏树　拍手　脉搏　麦子　摘录　文摘

雷声　累赘　积累　垒球　内外　悲壮　培养　蓓蕾

茂盛　贸易　贸然　悼念　着凉　烙饼　茂密　气馁

怄气　殴打　欧洲　解剖　肉丝　门扣　口才　采购

2. 后响复韵母

街道　阶层　解除　戒严　钢铁　连接　爹爹　和谐

花朵　划船　华丽　挖苦　瓦砾　袜套　花卉　说话

哆嗦　多余　躲避　堕落　夺取　握手　骆驼　拖拉

学习　虎穴　流血　皮靴　剥削　爵位　喜鹊　约束

3. 中响复韵母

投标　狂飙　缥缈　焦点　调料　刁难　消化　描写

牛劲　韭菜　针灸　研究　球迷　修补　优秀　邮局

怀揣　外表　淮海　踝骨　衰退　甩手　率直　元帅

灰堆　推诿　火腿　悔罪　锥子　炊烟　虽然　岁月

学习笔记

【练习二】

学习笔记

对比朗读下列词语，比较前后鼻音的发音差异。

an—ang

班长—当真　弹药—荡漾　盘旋—党性　满意—档案
叹气—糖果　伴侣—访问　贩卖—堂屋　篮球—螳螂
谈话—芳香　蛋糕—放风

en—eng

本能—奔腾　陈旧—成就　开门—开蒙　粉刺—讽刺
盆子—棚子　诊治—整治　瓜分—刮风　人性—神圣
分赴—丰富　生根—诚恳　根据—耕具　阀门—发蒙
分子—疯子　长针—长征　真正—承认　申明—声明

in—ing

新颖—金星　禁令—阴平　尽情—心病　信服—幸福
阴影—清贫　尽头—镜头　抱紧—报警　妖精—腰巾
金子—镜子　贫民—平民　金鱼—鲸鱼　禁止—静止
频繁—平凡　人民—人名　亲近—清静　临时—零食

ian—iang

鞭策—镶嵌　棉花—乡音　点名—向阳　田野—央求
镰刀—阳台　歼灭—酿造　铅笔—凉菜　严格—将近
演出—强攻　仙女—抢购

uan—uang

关门—黄连　晚上—晃荡　端正—装扮　观点—窗户
欢呼—霜降　换取—忘记　专家—广播　幻灯—广度
酸菜—矿工　算术—荒废

拓展练习

1. 对比下列字的读音

an • ang	班—帮	看—炕	盘—旁	满—莽	翻—方
ian • iang	年—娘	连—梁	间—将	千—枪	鲜—香
uan • uang	弯—汪	关—光	宽—筐	欢—荒	砖—装
ian • in	边—斌	偏—拼	棉—民	年—您	间—津

üan · ün	娟—均	眷—俊	全—群	宣—勋	悬—巡
ian · üan	烟—渊	边—冤	篇—圈	先—娟	棉—权
uan · üan	湾—渊	团—圆	砖—宣	串—镌	拴—冤
ün · iong	晕—拥	允—勇	韵—用	均—炯	裙—穷

2. 对比下列词的读音

an · ang	半磅	担当	弹唱	感伤	山冈	反抗	坍方	伴唱
ang · an	钢板	丧胆	防范	畅谈	抗战	防弹	房产	长衫
ian · iang	绵阳	演讲	天亮	勉强	联想	坚强	年饷	健将
iang · ian	抢险	想念	秧田	相片	两边	扬言	项链	向前
uan · uang	观光	宽广	端庄	钻床	观望	晚装	宽网	船窗
uang · uan	双环	王冠	壮观	往还	狂欢	慌乱	望断	窗栓
ian · in	前秦	电信	牵引	边民	点心	添新	连襟	前进
in · ian	金钱	引言	进献	隐现	阴险	引言	新建	金殿
an · ün	圆晕	眩晕	全军	援军	元勋	卷云	宣允	全运
ün · iong	运用	军用	群雄	寻凶	群凶	云涌	驯熊	

3. 儿歌训练

①小脸盆，水清清，小朋友，笑盈盈，小手儿，伸出来，洗一洗，白又净，吃饭前，先洗手，讲卫生，不得病。

②小老鼠，搬鸡蛋，鸡蛋太大怎么办，一只老鼠地上躺，一只老鼠拉尾巴，拉呀拉呀拉回家。

③弯弯的月儿，小小的船，小小的船儿两头尖，我在小小的船上坐，只看见闪闪的星星蓝蓝的天。

④有个妈妈真奇怪，身上带个大口袋，不放萝卜不放菜，里面放个大乖乖。

专题小结

学好普通话，不能盲目地练习，要注意一定的技巧，才会让你事半功倍。

①找出普通话和自己方言的对应规律，加强记忆。方言和普通话的差异主要表现在语音上，词汇和语法方面的差异较小。语音的差异主要表现有：多数地区平翘舌音不分，n、l 不辨、缺少 eng、ing、e、uo 等韵母，没有轻声以及儿化音乱用，还有多数人的韵母圆唇度不够等，综合这些特点，只要多加练习和记忆，效果会倍增！

②常听多练，反复练习。听也就是我们所说的“听力”或“练耳力”，良好的听力是学好普通话的基础，所以多听是初学者要注重的一个方面。可以边听边模仿，也可把普通话标准者的录音和自己的录音做比较，找出差异，加以改进！

③听力是前提，说是重点。说好普通话应以字音准确为前提，所以我们在学习的过程中，一定要注意学习的步骤：首先，要打好基础，学好汉语拼音，字音比较标准了，试着练习有针对性的绕口令，以便提高发音器官的协调能力。等字音掌握准确了，再演绎作品，多加练习，培养良好的语感。

④注意“说”的过程存在的问题，即吐字归音问题。吐字归音的要求是：字头弹出、部位准确、气息饱满、结实有力；字腹拉开立起、气息均匀；字尾完整自如、归音到位、干净利索、趋向干净。其实一个汉字的音程很短，要在短短的时间内兼顾声韵调和吐字归音，所以必须从日常训练方面严格要求。吐字要求声音的发音部位准确、弹发有力。立字要求韵腹拉开立起，做到“开口稍闭，闭音稍开”。归音收音时要干净利索，不可拖泥带水。尤其是“i、u、n、ng”等作韵母时，要注意口型的变化，克服韵尾不到位、归音不到位以及调值不准确的问题。还要注意轻音、儿化、重中格式以及音调的发音特点。

同学们，学好普通话，加油哦！

专题三
语流音变练习

>> 学习目标

• 通过语流音变的学习，理解音变的概念。

• 准确掌握语流音变在变调、轻声、儿化和“啊”的音变中的变调规则，了解音变的范围和作用。

• 准确朗读音变汉字的读音，朗读时注意音节的完整性。

>> 学习导航

- 专题三 语流音变训练
  - 变调训练
    - 上声变调
    - “一”“不”的变调
    - 叠词形容词的变调
    - 去声的变调
  - 轻声词训练
    - 轻声的表现
    - 轻声音节出现的范围
    - 轻声的作用
    - 必读轻声词训练
  - 儿化词训练
    - 儿化的作用
    - 儿化韵音变规则
    - 必读儿化词语训练
  - “啊”的音变训练
  - 普通话语音规范训练
    - 普通话与北京话语音
    - 异读词的读音规范
    - 多音多义词
    - 掌握非常用字的读音

在普通话朗诵学习的过程中，语流音变一直是很多同学学习的一个障碍，“规则多、看不懂、记不住”是同学们对于语流音变的普遍认识。其实，音变现象看似难懂，实则早已融入我们的日常生活。本专题为大家梳理了语流音变的朗诵秘籍，总结了各种规则让你了解到底如何区分，如何记忆，如何更好地运用普通话！试着朗读吧，在实践中表达有助于理论的理解哦。不信，就试试吧！

学习主题一 变调训练

扫码看视频

情境案例

先来朗读一段绕口令吧：

短扁担，长扁担，

长扁担比短扁担长半扁担，

短扁担比长扁担短半扁担。

怎么样，读得流利吗？标准吗？其实啊，想说好这段小小的绕口令并不难，它里面隐藏着上声变调的规则，只要你能准确掌握变调要领，正确训练，就能标准地朗读出来啦。接下来，让我们一起走进变调的学习吧！

在语流音变中，连着念的音素、音节或声调有时会发生变化，这就是音变。普通话的音变较多，主要有以下几种：变调、轻声、儿化、“啊”的音变。

变调是指在语流中所产生的声调变化现象。普通话中的变调有以下几种。

一、上声变调 >>>>>>>>>>>>>>>>>>>>>>>>>>>>>>>>>>

上声调只有在单念或处在词语、句子末尾时才有可能读原调，大多数情况读变调。上声变调的主要类型有以下几种。

（一）上声＋上声→阳平＋上声

保管　领土　彩礼　想买　起点　水果　好马　许久　保险　理解

（二）上声＋非上声（阴平、阳平、去声）→半上＋非上声

卡车 品行 打仗 冷清 首都 统一 武装 与其 彩云 举行

（三）上声＋轻声

1. 上声＋轻声→半上＋轻声

小子 椅子 姐姐 奶奶 宝宝 婶婶 枕头 耳朵 马虎

2. 上声＋轻声→阳平＋轻声

把手 哪里 法子 响起 讲法 写起 可以 水里 眼里

（四）上声＋上声＋上声连读

1. 上声＋（上声＋上声）→半上＋阳平＋上声

小老虎 好总理 李小姐 很勇敢 纸雨伞 补语法 厂党委

2.（上声＋上声）＋上声→阳平＋阳平＋上声

管理组 展览馆 种马厂 讲演稿 洗脸水 九九表 哺乳品

学习笔记

二、“一”“不”的变调 >>>>>>>>>>>>>>>>>>>>>>>>>>>>>>

（一）“一”单念，在词句末尾，在年、月、日中和表示序数时，声调不变，念阴平

单一 统一 一号楼 六一节 年初一 一五一十 一一道来

（二）“一”“不”＋去声→阳平＋去声

一句 一次 一件 一下 一向 一样 一律 一阵 一片

不是 不错 不赖 不测 不干 不妙 不看 不是 不怕

（三）“一”“不”＋非去声（阴平、阳平、上声）→去声＋非去声

一斤 一天 一行 一枚 一层 一回 一晚 一伙 一米 一年

不如 不该 不和 不符 不通 不改 不美 不灵 不喊 不开

（四）“一”“不”在重叠词的中间变轻声

看一看 说一说 整一整 想一想 问一问 笑一笑

要不要 做不做 行不行 好不好 大不大 读不读

三、叠词形容词的变调 >>>>>>>>>>>>>>>>>>>>>>>>>>>>

①AA 式的变调。单音节形容词重叠，即为 AA 式，无论是何声调，后一个音节读阴平，这时多伴有儿化。在口语中常常带上“儿尾”，读作“儿化韵”，语气温和婉转。

远远儿 慢慢儿 快快儿 满满儿 稳稳儿 饱饱儿 好好儿（地）

②“ABB”式形容词，后边的叠音后缀读成阴平。

红彤彤 慢腾腾 懒洋洋 绿油油 明晃晃 笑盈盈 甜蜜蜜

③“AABB”式重叠后的形容词，第二个音节读轻声，后两个音节读阴平。

规规矩矩　老老实实　马马虎虎　仔仔细细　模模糊糊　别别扭扭

四、去声的变调 >>>>>>>>>>>>>>>>>>>>>>>>>>>>

两个去声相连，前面的去声音节不读重音的时候，调值没有降到最低，调值变为高降调 53，变调调值描写为 51—53，称作半去。从音高看，后面的去声音节受到前面去声调值末尾的影响，比前面的去声音节起点略低。

饭店　贵重　介绍　借鉴　密切　戏剧　裂缝

温馨提示

1. 若 ABB 式、AABB 式读得缓慢，也可以不变调。

2. 一部分书面语的叠字形容词不能变调。

例如：白皑皑　金灿灿　轰轰烈烈　堂堂正正　沸沸扬扬　闪闪烁烁

3. 注意音节的完整性，特别是声调。

做中学

要求：能够运用变调规则，准确朗读以下多音节词语，并注意音节的完整性。

1. 上声变调

打水　美好　乳品　洗脸　友好　耳语　我俩　影响　讲演　予以

好说　等于　只是　努力　伟大　许诺　两样　统计　比赛　捣乱

孔雀　牡丹　水仙　比方　口袋　伙计　苦头　女婿　喜欢　打死

走走　洗洗　想想　老虎　小姐　给你　想法　老鼠　广场　可以

老领导　好种马　孔乙己　母老虎　小拇指　有小雨　柳厂长

虎骨酒　保险锁　几百米　选举法　小组长　两米五　矮脚虎

（在快读的条件下，上声变调的两种情况都可以读成“阳平＋阳平＋上声”）

2.“一”“不”的变调

一张　一遍　一道　一本　一早　一脸　看一看　走一走　读一读

不像　不对　不会　不必　不信　不大　不但　不妙　不用　不去

不该　不通　不如　不和　不符　不灵　不仅　不喊　不改　不美

来不来　肯不肯　好不好　痛不痛　去不去　了不起　差不多

3. 叠词形容词的变调

直筒筒　油腻腻　笑吟吟　亮堂堂　孤零零　水灵灵　血淋淋

厚厚实实　漂漂亮亮　整整齐齐　结结实实　和和气气　支支吾吾

4. 去声的变调

世界　训练　再见　运用　愿望　报告　暗淡　部队　遍地　代号

动脉　互动　快乐　利益　世事　脆弱　毕业　富裕　倒退　透彻

拓展练习

要求：综合运用变调规则，准确朗读以下多音节词语，并注意音节的完整性。

五一	一时	一个	一切	星期一	不多	海岛
鲜美	警钟	美好	理想	根本	漂亮	美不美
七一	一件	沐浴	祖国	冷处理	一技之长	
小拇指	请允许	一衣带水	说一说	孔乙己		

学习主题二
轻声词训练

情境案例

朗读下面两句话，体会“地道”的不同含义。

1. 请听电影《地道战》的录音剪辑。

地道：dìdào 地下坑道（名词）。

2. 他学广东话还挺地道呢。

地道：dìdao 真正的（形容词）。

由于声调的不同，同一个词表达的意思可能完全不同。其实，普通话中每一个音节都有自己的声调，可是在词或句子里有些音节常常失去原有的声调，被念成一种较轻、较短的调子，这就是轻声。轻声在普通话中很常见，也非常有趣，接下来让我们一起走进轻声的学习吧。

扫码看视频

在普通话语音中，有些音节在词或者句子里失去了原来的声调，变得又轻又短。轻声是一种特殊的变调现象。有的音节长期处于口语轻读的位置，失去了原有声调的调值，又重新构成自身特有的音高形式，听感上显得轻短、模糊。普通话的轻声都是从阴平、阳平、上声、去声四个声调变化而来。

一、轻声的表现 >>>>>>>>>>>>>>>>>>>>>>>>>>>>>>>>>>>

轻声是一种复杂的语音现象，牵扯到音强、音长、音高和音质四个方面。一般来说，轻声音强比较弱，音长比较短，音高则由前面音节的声调所决定，大体情况如下。

阴平＋轻声——→2(半低)　星星　桌子　吃着　酸的

阳平＋轻声——→3(中)　德行　馒头　梨子　红的

上声＋轻声——→4(半高)　码头　椅子　美的　喜欢

去声＋轻声——→1(低)　看头　绿的　面子　护士

轻声作为一种变调的语音现象，体现在词语或者句子中，因此轻声音节的读音不能独立存在。

学习笔记

固定读轻声的单音节助词、语气词也不例外，它们的实际轻声调值也要依靠前一个音节的声调来确认。

二、轻声音节出现的范围

一是，结构助词“的、地、得”；动态助词“着、了、过”

绿的　卖菜的　悄悄地　说得　跳着　来了　去过

二是，语气词“吧、嘛、呢、啊”

吃吧　好嘛　人呢　谁啊

三是，叠音词、重叠式构词和动词重叠式的后音节

猩猩　姥姥　妹妹　说说　合计合计　学习学习

四是，后缀“子、头、家”和词尾“们”

银子　底子　竹子　奔头　骨头　木头　亲家　他们　学生们

五是，名词、代词后面表示方位的词或者语素

腿上　桌子上　被子里　抽屉里　这里　那里　学校里

六是，趋向动词“来、去”，动词后的结果补语

拿出来　推进去　说下去　打开　站住　关上　留下　解开　锁上

七是，量词“个”常读轻声

六个　八个　半个　这个　那个

八是，习惯轻声，一般出现在双音节的后音节

书记　云彩　月亮　西瓜　白菜　鼓捣　清楚　意思　运气　力量

三、轻声的作用

（一）区别意义

老子(重)——古代的哲学家　老子(轻)——父亲

孙子(重)——古代军事家　孙子(轻)——儿子的儿子

上头(重)——喝酒过量而头晕　上头(轻)——上面

（二）区别词性

买卖（重）——动词　　买卖（轻）——名词

地道（重）——（地下通道）名词　　地道（轻）——（纯正）形容词

（三）区别结构

想起来（重）——“想”与“起来”构成动宾关系

想起来（轻）——“想”与“起来”构成动补关系

打死（重）人——“打”与“死人”构成动宾关系

打死（轻）人——“打死”与“人”构成动补关系

四、必读轻声词训练 >>>>>>>>>>>>>>>>>>>>>>>>>

帮手　柴火　簸箕　拨弄　裁缝　称呼　凑合　打扮　打量

打算　提防　福气　风筝　膏药　高粱　骨头　胳膊　官司

寡妇　核桃　厚道　规矩　活泼　胡琴　架势　脊梁　交情

将就　窟窿　戒指　勤快　铺盖　招牌　石榴　行李　清楚

云彩　养活　折腾　扎实　祖宗　难为　挖苦　实在　稀罕

学习笔记

做中学

要求：体会轻声词音高、音强的变化及轻声词出现的范围，准确朗读以下轻声词语。

姐姐　老实　喇叭　我的　斧子　起了　婆婆　粮食　清楚　家伙

扇子　丈夫　意思　北边　上面　里头　地下　墙上　外头　头发

吃的　穿的　用的　去吗　行啦　被子　村子　刀子　阔气　朋友

花儿　木头　看头　什么　他们　咱们　萝卜　暖和　衣服　眼睛

时候　告诉　行李　凉快　规矩　窗户　明白　打算　看见　事情

拿去　出去　站住　跑开　暗地里　先生们　朋友们　坦率地讲

拓展练习

要求：准确朗读以下轻声词语。

麻烦　正经　合同　会计　老实　书记　认识　亲戚　眉毛　结实

逻辑　神仙　近视　核桃　别扭　点心　还是　收成　事情　爽快

踏实　马虎　欺负　体面

学习主题三 儿化词训练

扫码看视频

情境案例

先来一段儿化音的绕口令，练练舌头的灵活性吧！

小小子儿，不贪玩儿。画小猫儿，钻圆圈儿；画小狗儿，蹲小庙儿；画小鸡儿，吃小米儿；画个小虫，顶火星儿。

进了门儿，倒杯水儿，喝了两口运运气儿，顺手拿起小唱本儿。唱一曲儿，又一曲儿，练完嗓子练嘴皮儿。绕口令儿，练字音儿。

词尾“儿”(er)本是一个独立的音节，由于口语中处于轻读的地位，长期与前面的音节流利地连读而产生音变，“儿”(er)失去了独立性，“化”到前一个音节上，只保持一个卷舌动作，使两个音节融合成一个音节，前面的音节或多或少地发生变化，这种语音现象就是“儿化”，被儿化的带有卷舌色彩的韵母就叫作“儿化韵”。儿化韵在拼写时旨在原音节末尾加“－r”表示。例如，“没门儿”写作 méiménr。

一、儿化的作用

（一）表示喜欢的心情和温和的态度

小孩儿、小床儿、小脸儿、小嘴儿、小鞋儿、老头儿、大伙儿、鲜花儿、山歌儿、花篮儿、蝴蝶儿、脸盆儿、慢慢儿(走)

（二）形容细小、轻微的性质或形状

小猫儿、小狗儿、小金鱼儿、头发丝儿

（三）区别词性和词义

1. 区别词性

个(量词)——个儿(名词)　　画(名词、动词)——画儿(名词)

盖(动词)——盖儿(名词)　　破烂(形容词)——破烂儿(名词)

2. 区别词义

头(脑袋)——头儿(领导者)　　空(腾出)——空儿(时间)

信(书信)——信儿(消息)　　一块(数量)——一块儿(一起)

鞋里(鞋子里面)——鞋里儿(鞋子里层)

白面(白的面粉)——白面儿(毒品海洛因)

二、儿化韵音变规则 >>>>>>>>>>>>>>>>>>>>>>>>>>>>>>>>

第一种，音节末尾音素是 a、o、e、u，便于卷舌，直接加 r，即儿化韵是从后向前使韵腹(主要元音)、韵尾(尾音)发生变化，对声母、韵头(介音)没有影响。

卷毛儿、花儿、白兔儿、号码儿、山坡儿、风车儿、半截儿

第二种，音节末尾音素是 i、n(in、un 除外)，不变卷舌，去掉 i 或 n，加 r。

鞋带儿、一会儿、小孩儿、走神儿、名单儿、笔尖儿。

第三种，音节末尾音素是 ng，丢掉 ng，使前面的元音鼻化(气流从口腔透出的同时有一小部分从鼻腔透出)，并加 r。

小床儿、小熊儿、板凳儿、有空儿、帮忙儿、蛋黄儿。

ing 是例外，因丢掉 ng 后，前面 i 仍不能卷舌，所以要加 e，再加 r。

花瓶儿、眼镜儿、电影儿

第四种，韵母是 i、u，后面加 er。

小旗儿、小鸡儿、小米儿、毛驴儿、唱曲儿、马驹儿

第五种，韵母是—i(前、后)，去掉—i(前、后)，加 er。

橘汁儿、棋子儿、铁丝儿、没事儿、鸡子儿、吃食儿

第六种，韵母是 in、ün，去掉 n，加上 er。

树林儿、围裙儿、脚印儿

三、必读儿化词语训练 >>>>>>>>>>>>>>>>>>>>>>>>>>

开窍儿、跑掉儿、跳高儿、手套儿、垫底儿、小偷儿、大伙儿

模特儿、人影儿、眼睛儿、花瓶儿、纳闷儿、唱歌儿、在这儿

学习笔记

做中学

要求：体会儿化韵的变调规则，准确朗读以下儿化词语。

个头儿	刀把儿	鞋带儿	老伴儿	门槛儿	大伙儿	聊天儿
墨水儿	面条儿	粉末儿	土坡儿	耳膜儿	被窝儿	邮戳儿
好好儿	口罩儿	口哨儿	火苗儿	小鸟儿	碎步儿	小鹿儿

有数儿 老头儿 门口儿 纽扣儿 一溜儿 抓阄儿 弹球儿
麻花儿 脑瓜儿 豆芽儿 一下儿 掉价儿 厌倦儿 绕远儿
鼻梁儿 好样儿 透亮儿 胡同儿 小葱儿 果冻儿 蛋黄儿

拓展练习

要求：准确朗读以下儿化词语。

包干儿 好好儿 墨水儿 冰棍儿 好玩儿 纳闷儿 差点儿
年头儿 一会儿 大伙儿 干活儿 一块儿 一下儿 衣兜儿
玩意儿 聊天儿 老头儿 小孩儿 有点儿 大个儿

学习主题四
“啊”的音变训练

情境案例

扫码看视频

生活中，我们可能会遇到如下情境的对话。

甲：这是什么啊？

乙：吃的东西啊！面包啊、香肠啊、饮料啊、西瓜啊、瓜子啊，应有尽有啊！

甲：今天我们要大吃一顿啊！

乙：是啊，给你好好庆贺庆贺啊！

甲：给我庆贺什么啊？

乙：今天是你的生日啊！你怎么忘记了？

甲：啊，对啊！今天是我生日啊，我怎么忘记了呢？

怎么样，这里的“啊”是不是都读成一个音了？如果是那样，那可要好好学习一下啦！“啊”作为语气词用在句首，仍发元音。如果用在句尾，受它前面音节收尾音素的影响会发生不同音变，变化的原则是依据前一个字的收尾音素顺势而发。“啊”的音变呈现较为灵活的使用趋势。那到底怎么读呢？让我们好好学习一下吧！

语气词“啊”是由一个单元音 a 构成的轻声音节，出现在句末或者句中的停顿处，表示语气缓和，增加感情色彩。

语气词“啊”总是在其他音节之后读作轻声，因此，常跟前面音节末尾的音素连读产生音变。其音变的类型主要是增音，具体情形有以下六种。

①前一音节收尾音素是 a、o、e、i、ü、ê 时，“啊”读作 ya。

他啊、哥啊、妈啊、鞋啊、鸡啊、鱼啊、说啊、回家啊、菠萝啊、逛街啊

②前一音节收尾音素是 u(包括 ao、iao)时，“啊”读作 wa。

路啊、流啊、好啊、别哭啊、好笑啊、跳舞啊、快走啊

③前一音节收尾音素是 n 时，“啊”读作 na。

怎么办啊、咱们啊、真准啊、好人啊、弹琴啊、天啊、看啊

④前一音节收尾音素是 ng 时，“啊”读作 nga。

小熊啊、好清啊、动听啊、是冷啊、唱啊、行啊、想啊

⑤前一音节收尾音素是—i(后)和 er(包括儿化韵)时，“啊”都读作 ra。

节日啊、老师啊、小曲啊、女儿啊、吃啊、是啊、治啊、儿啊

⑥前一个音节收尾音素是－i(前)时，“啊”读作 za。

写字啊、几次啊、自私啊、工资啊、词啊、撕啊

做中学

要求：认真体会“啊”的音变规律，准确朗读以下句子。

1. 千万注意啊！(ia)
2. 这条件真好啊！(wa)
3. 他身上多么多啊！(wa)
4. 这是一件大事啊！(ra)
5. 他在写字啊！(za)
6. 大家加油干啊！(na)
7. 她的歌声多好听啊！(nga)
8. 同志们，冲啊！(nga)

拓展练习

要求：准确朗读以下句子，注意“啊”的音变。

1. 原来是她啊！手艺真不错啊！
2. 那样做可不成啊，新时代更要认真学习啊。
3. 有没有啊？这事可不好办啊！
4. 跳得多好啊！
5. 世界真奇妙啊，好大的东西啊！
6. 这是谁家的孩子啊？怎么在这撒野啊！
7. 没错啊，今天她值日啊！
8. 心口啊，莫要这么厉害地跳，灰尘啊，莫把我的眼睛挡住了。

学习笔记

学习主题五
普通话语音规范训练

扫码看视频

学习笔记

情境案例

请为下列多音、多义词语注音，并朗读。

累：曾经罪恶累累(　　)的洪哥从狱中出来后，承包了一个果树园，经过长年累(　　)月的悉心管理，终于结出累累(　　)硕果，洪哥忘却一身的劳累(　　)，幸福地笑了。

蔓：蔓(　　)延的火势，就要烧到蔓(　　)菁和其他爬蔓(　　)的草了。

轧：一个轧(　　)钢厂的会计轧(　　)完账后跟他朋友说，人与人之间不要互相倾轧(　　)，要互相帮助。

多音、多义在普通话中是普遍现象。普通话的每个字就是一个音节，而每个音节在不同的语境中，表达不同的含义时都有规范的读音。如何才能做到规范呢，让我们一起走进语音规范的学习吧！

普通话的语音规范以北京语音系统为标准音，而北京语音是指北京方言区内的语音系统，它不包括异读、轻声、儿化等北京音系内部有分歧的现象。

一、普通话与北京话语音 >>>>>>>>>>>>>>>>>>>>>>>>>>>

普通话以北京语音为标准音，是指以北京语音系统为标准音。北京话属于汉语方言，有其独特的语音现象，普通话在语音标准确立时，并不是不加分析、不加取舍地全盘采用北京话语音，而是在统一的规范原则下进行取舍和选择。

北京话里的土音成分需要剔除。

一种情况是，北京口语的土音成分，如“弄死了”读成“nèngsǐle”，“太好了”读成“tuīhǎole”等。

另一种情况是，过多的轻声、儿化、变调现象，如“找地方”说成“找地儿”，词语第一个音节变阳平等现象，这些都需要剔除。

二、异读词的读音规范

异读词是指一个词或词内某个语素有两个或两个以上的读音，但表示相同的意义。

常见例词如下：

山坳(ào)	昂(áng)扬	庇(bì)护	同胞(bāo)	麻痹(bì)
波(bō)动	困窘(jiǒng)	蓓蕾(lěi)	谬(miù)论	酝酿(niàng)
剖(pōu)析	框架(kuàng)	违(wéi)章	胡诌(zhōu)	笨拙(zhuó)
卓(zhuó)越	召(zhào)唤	蛰(zhé)居	商埠(bù)	怯(qiè)懦
潜伏(qián)	倒映(yìng)	穴(xué)居	挟(xié)持	蜿(wān)蜒

读一读

普遍	卑鄙	哺育	波浪	堤岸	多么	惩罚	档案	妨害
装订	发酵	盟誓	粘贴	咆哮	剽窃	澎湃	妊娠	踪迹
点穴	白桦	混淆	复杂	亚洲	跳跃	咱们	学期	从容

学习笔记

三、多音、多义词

具有两个或两个以上读音和意义的字叫作多音、多义字。多音、多义现象是汉字的特点。普通话有许多多音、多义字，这些字虽然相同，但读音、意义、用法却不同。普通话中要避免因误读而产生错误的不规范的情况。

（一）意义、用法不同的多音、多义现象

多音字的不同读音，是与不同的字义紧密联系的。根据不同的意义掌握相应的读音，是多音字正音重要的方法。

阿　①ā 用在排行、小名或姓的前面，有亲昵的意味，~大、~爷、~爹、~毛；②ē 迎合、偏袒，~谀奉承；指山东东阿，~胶。

挨　①āi 靠近、紧接着，~着；②ái 遭受、忍受，~饿，~了一顿打。

拗　①ào ~口；②niù 固执、不驯顺，执~、~不过他。

扒　①bā 抓着，用手指紧紧扣住，~着栏杆；②pá 手或耙子使东西聚拢或散开，~草、~土。

把　①bǎ 用手握住，~舵；②bà 器具上便于用手拿的部分，壶~儿。

蚌 ①bàng 软体动物、用鳃呼吸，蛤～；②bèng 地名，～埠。

薄 ①báo（口语单用）与“厚”相对，～片；②bó（书画组词）厚度小的，～片、～饼。

堡 ①pù 碉垒，有的地区把“铺”写作堡，如十里堡；②bǎo 用土石构筑的坚固小城或阵地，碉堡、堡垒；北方人称村落为堡；③bǔ 有城墙的村镇，泛指村庄（多用于地名）如吴堡。

学习笔记

（二）书面音和口语音不同的多音、多义现象

有些多音字的不同读音，分别适用于不同的语体。书面语中，多音字在复音词和成语中是一个读法；在口语中当单音词用，或在反映日常生活的某些复音词中，又是一个读法（以下括号内书是书面语言的简称，口是口语的简称）。

薄 bó（书） 薄弱 单薄 淡薄 日薄西山 薄利多销

báo（口） 这被子太薄了

剥 bō（书） 剥削 剥夺 盘剥

bāo（口） 剥皮

差 chā（书） 差别 差价 差额 阴错阳差 差强人意

chà（口） 差不多 差劲

cī（书） 参差不齐 犬牙差互

chāi（书） 差事 当差 出差

澄 chéng（书） 湖水澄清 澄清事实

dèng（口） 这水不澄清了不能喝

逮 dài（书） 逮捕 力有未逮

dǎi（口） 逮老鼠

给 jǐ（书） 供给 配给 补给 给养 给予

gěi（口） 拿给他 给大家服务

嚼 jué（书） 咀嚼 过屠门而大嚼

jiáo（口） 嚼不烂

壳 qiào（书） 地壳 甲壳 躯壳 金蝉脱壳

ké（口） 外壳儿 鸡蛋壳儿

勒 lè（书） 勒索 悬崖勒马

lēi（口） 把绳子勒紧点

露 lù（书） 露骨 露天 原形毕露

lòu（口） 露头 露脸 露马脚

落 luò(书) 落差 落地 着落 回落

lào(口) 落枕 没着没落

là(口) 丢三落四

翘 qiáo(书) 翘首以待 翘楚

qiào (口)翘尾巴 两头翘 翘辫子

塞 sè (书)阻塞 堵塞 敷衍塞责

sài(书) 塞外 要塞

sāi(口) 瓶塞儿 塞得严严实实

厦 xià(书) 厦门

shà(口) 大厦

色 sè(书) 颜色 脸色 花色 变色 褪色

shǎi(口) 掉色 落色 色子(骰子)

熟 shú(书) 熟悉 成熟 深思熟虑 熟视无睹

shóu(口) 烧熟了 熟透了

削 xuē(书) 剥削 削减 瘦削

xiāo(口) 削梨 削球 削铅笔

血 xuè(书) 贫血 心血 呕心沥血 狗血喷头 鲜血 血债

xiě(口) 流了不少血 血淋淋

钥 yuè(书) 北门锁钥

yào(口) 钥匙

(三)地名、姓氏中的多音、多义现象

1. 地名

地名是社会的产物，它的命名、更名、发展、演变始终受社会各方面的制约。因此地名具有广泛的社会性。有些地名的读音与常用汉字的读音不一样，需要加以关注。

以下是常见的地名读音：

浙江的丽水(lí)、台州(tāi)

安徽的亳(bó)州

湖北的监(jiàn)利

河南的浚(xùn)县

湖南的耒(lěi)阳、郴(chēn)州

新疆的巴音郭楞(léng)

内蒙古的巴彦淖(nào)尔

河北的蔚县(yù)

安徽的歙(shè)县、六(lù)安

山西的繁峙(shì)县、长(zhǎng)子县、隰(xí)县

山东费(bì)县、茌平(chí)、莒县(jǔ)

上海莘(xīn)庄

江西铅(yán)山、婺(wù)源

学习笔记

辽宁阜(fù)新

安徽的黟(yī)县，枞(zōng)阳

江苏的盱眙(xūyí)，邗(hán)江，邳(pī)州

2. 姓氏

中国人的姓氏非常多，有一些稀有姓氏常常容易读错、写错和用错。出错的原因有两个方面，一是一字多音容易出错；二是字形相似容易出错。姓氏如果出错，就会给当事人的工作、生活带来诸多麻烦。

以下是容易出错的姓氏读音：

B

鲍(bào) 贲(bēn) 卞(biàn) 薄(bó) 秘(bì)

C

岑(cén) 晁(cháo) 种(chǒng) 褚(chǔ)

啜(chuài)

D

邸(dǐ) 都(dū)

F

费(fèi) 苻(fú) 甫(fǔ)

G

盖(gài；gě)[两姓同字异音] 干(gān) 杲(gǎo) 戈(gē)

葛(gě) 冠(guàn) 妫(guī) 炅(guì)

过(guō) 颌(gé) 祭(zhài) 鹄(gǔ)

H

哈(hǎ) 郝(hǎo) 华(huà)

J

纪(jǐ) 靳(jìn) 籍(jí) 监(jiàn) 俱(jū)

K

阚(kàn) 蒯(kuǎi) 隗(kuí；wěi)

L

蔺(lìn) 令狐(línghú)

M

蒙(méng) 宓(mì) 缪(miào) 冒顿(mòdú)

万俟(mòqí)

N

那(nā) 宁(nìng) 铙(náo)

学习笔记

O

区(ōu)

P

邳(pī) 朴(piáo) 繁(pó) 蒲(pú) 濮(pú) 逄(páng)

Q

亓(qí) 戚(qī) 谯(qiáo) 覃(qín, tán) 仇(qiú) 曲(qū)

瞿(Qú)

R

冉(rǎn) 任(rén) 阮(ruǎn) 芮(ruì)

S

单(shàn) 少(shào) 召(shào) 佘(shé) 厍(shè)

T

澹台(tántái) 佟(tóng) 彤(tóng)

W

宛(wǎn) 危(wēi) 韦(wéi)

X

冼(xiǎn) 解(xiè) 铣(xiǎn) 颉(xié)

Y

燕(yān) 幺(yāo) 殷(yīn) 应(yīng) 於(yū) 庾(yǔ)

尉迟(yùchí)

Z

臧(zāng) 查(zhā) 翟(zhái) 祭(zhài)

学习笔记

四、掌握非常用字的读音 >>>>>>>>>>>>>>>>>>>>>>>>>>

非常用字很多，虽然使用的频率并不高，但是有些字出现在常用的成语中，需要我们读准用好，如以下例子。

鲜(xiǎn)为人知	痴(chī)心妄想	纨(wán)绔(kù)子弟
羽扇纶(guān)巾	强(qiǎng)词夺理	扪(mén)心自问
一塌(tā)糊涂	惴(zhuì)惴不安	唯(wéi)唯诺诺
一蹴(cù)而就	惟妙惟肖(xiào)	怙(hù)恶不悛(quān)
寡廉鲜(xiǎn)耻	自怨自艾(yì)	窈(yǎo)窕(tiǎo)淑女
屡见不鲜(xiān)	乌烟瘴(zhàng)气	一气呵(hē)成
命运多舛(chuǎn)	苟且(qiě)偷生	不屑(xiè)一顾
锲(qiè)而不舍	风靡(mǐ)一时	浑(hún)水摸鱼

脍(kuài)炙(zhì)人口	浑(hún)浑噩噩	桀(jié)骜(ào)不驯
望风披靡(mǐ)	病入膏肓(huāng)	矫(jiǎo)枉(wǎng)过正
殚(dān)精竭虑	坚忍(rěn)不拔	偃(yǎn)旗息鼓
嗤(chī)之以鼻	魑(chī)魅魍魉	泾(jīng)渭(wèi)分明
绰(chuò)绰有余	如法炮(páo)制	茕(qióng)茕孑(jié)立

学习笔记

做中学

注：准确朗读以下汉字。

1. 单：单(shàn，姓)老师说，单(chán，匈奴首领)于只会骑马，不会骑单(dān)车。

2. 折：这两批货物都打折(zhé)出售，严重折(shé)本，他再也经不起这样折(zhē)腾。

3. 喝：武松大喝(hè)一声："快拿酒来！我要喝(hē)十二碗。"博得众食客一阵喝(hè)彩。

4. 着：你这着(zhāo)真绝，让他干着(zháo)急，又无法着(zhuó)手应付，心里老是悬着(zhe)。

5. 量：有闲心思量(liáng)她，没度量(liàng)宽容她；野外测量(liáng)要量(liàng)力而行。

6. 沓：他把纷至沓(tà)来的想法及时写在一沓(dá)纸上，从不见他有疲沓(tà)之色。

7. 载：据史书记载(zǎi)，王昭君多才多艺，每逢三年五载(zǎi)汉匈首脑聚会，她都要载(zài)歌载(zài)舞。

8. 曝：陈涛参加体育锻炼缺乏毅力、一曝(pù)十寒的事情，在校会上被曝(bào)光，他感到十分羞愧。

9. 宁：尽管他生活一直没宁(níng)静过，但他宁(nìng)死不屈，也不息事宁(níng)人。

10. 和：天气暖和(huo)，小张在家和(huó)泥抹墙；他讲原则性，是非面前，从不和(huò)稀泥，也不随声附和(hè)别人，更不会在麻将桌上高喊："我和(hú)了。"

11. 省：落马的副省(shěng)长，如能早些省(xǐng)悟，就不至于丢官弃职、气得不省(xǐng)人事了。

12. 哄：他那像哄(hǒng)小孩似的话，引得人们哄(hōng)堂大笑，大家听了一哄(hòng)而散。

13. 丧：他穿着丧(sāng)服，为丧(sāng)葬费发愁，神情沮丧(sàng)、垂头丧(sàng)气。

14. 差：他每次出差(chāi)差(chà)不多都要出点差(chā)错。

15. 扎：鱼拼命挣扎(zhá)，鱼刺扎(zhā)破了手，他随意包扎(zā)一下。

16. 埋：他自己懒散，却总是埋(mán)怨别人埋(mái)头工作。

17. 盛：盛(shèng)老师盛(shèng)情邀我去她家做客，并帮我盛(chéng)饭。

18. 创：勇于创(chuàng)造的人，难免会遭受创(chuāng)伤。

19. 看：看(kān)守大门的保安，也很喜欢看(kàn)小说。

20. 行：银行(háng)发行(xíng)股票，报纸刊登行(háng)情。

21. 艾：他得了艾(ài)滋病，整天自怨自艾(yì)。

22. 把：你把(bǎ)水缸把(bà)摔坏了，以后使用没把(bǎ)柄了。

23. 传：《鸿门宴》是汉代传(zhuàn)记，而不是唐代传(chuán)奇。

24. 荷：荷(hé)花旁边，站着一位荷(hè)枪实弹的战士。

25. 涨：我说她涨(zhǎng)了工资，她就涨(zhàng)红着脸，摇头否认。

26. 奇：数学中奇(jī)数，是最奇(qí)妙的。

27. 给：请把这封信交给(gěi)团长，告诉他，前线的供给(jǐ)一定要有保障。

28. 冠：他得了冠(guàn)军后，就有点冠(guān)冕堂皇了。

29. 干：穿着干(gān)净的衣服，干(gàn)脏活，真有点不协调。

30. 巷：矿下的巷(hàng)道，与北京四合院的小巷(xiàng)有点相似。

31. 薄：薄(bò)荷油味不薄(báo)，很受欢迎，但要薄(bó)利多销。

32. 恶：这条恶(è)狗，真可恶(wù)，满身臭味，让人闻了就恶(ě)心。

33. 便：局长大腹便便(pián)，行动不便(biàn)。

34. 号：受了批评，那几名小号(hào)手都号(háo)啕大哭起来。

35. 藏：西藏(zàng)的布达拉宫，是收藏(cáng)大藏(zàng)经的宝藏(zàng)。

36. 卡：这辆藏匿毒品的卡(kǎ)车，在过关卡(qiǎ)时被截住了。

37. 调：出现矛盾要先调(diào)查，然后调(tiáo)解。

学习笔记

38. 模：这两件瓷器，模(mú)样很相似，像是由一个模(mó)型做出来的。

39. 没：驾车违章，证件被交警没(mò)收了，他仍像没(méi)事一样。

40. 舍：我真舍(shě)不得离开住了这么多年的宿舍(shè)。

41. 殷：老林家境殷(yīn)实，那清一色殷(yān)红的实木家具，令人赞叹不已。

42. 还：下课后，我还(hái)要去图书馆还(huán)书。

43. 系：你得系(jì)上红领巾，去学校联系(xì)少先队员参加活动。

44. 假：假(jiǎ)如儿童节，学校不放假(jià)，我们怎么办?

45. 降：我们有办法使从空中降(jiàng)落的敌人投降(xiáng)。

46. 脯：胸脯(pú)、果脯(fǔ)不是同一个读音。

47. 间：他们两人之间(jiān)的友谊，从来没有间(jiàn)断过。

48. 石：两石(dàn)石(shí)子，不够装一卡车。

49. 劲：球场上遇到劲(jìng)敌，倒使他干劲(jìn)更足了。

50. 茄：我不喜欢抽雪茄(jiā)烟，但我喜欢吃番茄(qié)。

51. 刨：我刨(bào)平木头，再去刨(páo)花生。

52. 弹：这种弹(dàn)弓，弹(tán)力很强。

53. 颤：听到这个噩耗，小刘颤(zhàn)栗，小陈颤(chàn)抖。

54. 扒：他扒(bā)下皮鞋，就去追扒(pá)手。

55. 散：我收集的材料散(sàn)失了，散(sǎn)文没法写了。

56. 数：两岁能数(shǔ)数(shù)的小孩，已数(shuò)见不鲜了。

57. 参：人参(shēn)苗长得参(cēn)差不齐，还让人参(cān)观吗?

58. 会：今天召开的会(kuài)计工作会(huì)议一会(huì)儿就要结束了。

59. 吓：敌人的恐吓(hè)，吓(xià)不倒他。

60. 胖：肥胖(pàng)并不都是因为心宽体胖(pán)，而是缺少锻炼。

61. 伺：边伺(cì)候他，边窥伺(sì)动静。

62. 好：好(hào)逸恶劳、好(hào)为人师的做法，都不好(hǎo)。

63. 办事处(chù)正在处(chǔ)理这个问题。

64. 缝：这台缝(féng)纫机的台板，有裂缝(fèng)。

65. 澄：澄(dèng)清浑水易，澄(chéng)清问题难。

66. 扇：他拿着扇(shàn)子，却扇(shān)不来风。

67. 得：你得(děi)把心得(dé)体会写得(de)具体、详细些。

68. 屏：他屏(bǐng)气，凝神，躲在屏(píng)风后面。

学习笔记

69. 几：这几(jǐ)张茶几(jī)，几(jī)乎都要散架了。

70. 卷：考卷(juàn)被风卷(juǎn)起，飘落到地上。

71. 音乐(yuè)老师姓乐(yuè)，他乐(lè)于助人。

72. 了：他对地形早已了(liǎo)如指掌了(le)。

73. 吭：小李一声不吭(kēng)，小王却引吭(háng)高歌。

74. 粘：胶水不粘(nián)了，书页粘(zhān)不紧。

75. 畜：畜(xù)牧场里牲畜(chù)多。

76. 弄：别在弄(lòng)堂在玩弄(nòng)小鸟。

77. 俩：他兄弟俩(liǎ)耍猴的伎俩(liǎng)不过如此。

78. 露：小杨刚一露(lòu)头，就暴露(lù)了目标。

79. 重：老师很重(zhòng)视这个问题，请重(chóng)说一遍。

80. 率：他办事从不草率(shuài)，效率(lǜ)一向很高。

81. 空：有空(kòng)闲就好好读书，尽量少说空(kōng)话。

82. 泊：小船漂泊(bó)在湖泊(pō)里。

83. 朝：我朝(zhāo)气蓬勃朝(cháo)前走。

84. 校：上校(xiào)到校(jiào)场找人校(jiào)对材料。

85. 强：小强(qiáng)很倔强(jiàng)，做事别勉强(qiǎng)他。

86. 塞(sài)外并不闭塞(sè)，塞(sāi)子塞(sāi)不住漏洞。

87. 倒：瓶子倒(dǎo)了，水倒(dào)了出来。

拓展练习

要求：准确朗读以下地名。

泌 bì 阳(河南地名)
单 shàn 县(山东地名)
番 pān 禺(广东地名)
哈 hā 尔滨(黑龙江地名)
浒 xǔ 墅关(江苏地名)
塔克拉玛干 gàn 沙漠(新疆)
六 lù 安(安徽地名)
漯 tà 河(水名，山东)
繁峙 shì(山西地名)
燕 yān 国(周代国名)

并 bīng(山西太原的别称)
枞 zōng 阳(安徽地名)
东莞 guǎn(广东地名)
闽侯 hòu(福建地名)
监 jiàn 利(湖北地名)
浚 xùn 县(河南地名)
六 lù 合(江苏地名)
铅 yán 山(江西地名)
尉 yù 犁(新疆地名)
柞 zhà 水(陕西地名)

大埔 bù(广东地名)
大 dài 城(河北地名)
冠 guān 县(山东地名)
浒 xǔ 湾(江西地名)
犍 qián 为(四川地名)
乐 yuè 清(浙江地名)
漯 luò 河(河南地名)
任 rén 丘(河北地名)
蔚 yù 县(河北地名)

专题小结

本专题主要介绍幼儿教师普通话语音基础训练中的语流音变的训练，要求同学们掌握普通话的语流音变在变调、轻声、儿化和“啊”的音变中的变调规则，通过案例、理论与方法的学习，了解音变的范围和作用。通过专项训练和拓展训练，同学们能进一步正确朗读音变汉字，做到语音规范。

本专题遵循理论与实践相结合的原则，在训练中，按照由易到难的顺序依次进行讲解。常见发音错误类型如下：①必读轻声词没有念成轻声；②儿化音节没有儿化或读成两个音节；③该音变的语气词“啊”没有音变或音变错误；④“一”“不”音变错误或该变调的未变调；⑤上声变调错误。

专题四
普通话朗读

学习目标

• 了解朗读的概念和意义，明确普通话测试中朗读的基本要求。

• 在短文朗读中，能够使用针对普通话测试的朗读内部技巧处理短文。

• 在短文朗读中，学会正确使用停连、重音、语气和节奏等外部技巧处理短文。

• 能够综合运用朗读技巧处理短文，避免机械朗读和生硬朗读。

学习导航

- 专题四 普通话朗读
  - 朗读的要求
    - 语音规范，发音标准
    - 把握基调，感情贴切，真实自然
  - 朗读的内部技巧
    - 情景再现
    - 内在语
    - 对象感
  - 朗读的外部技巧
    - 停连
    - 重音
    - 语气
    - 节奏

短文朗读是普通话测试尤为重要的一项内容。朗读的文章从《普通话水平测试用朗读作品》中抽取，要求应试者用普通话准确清晰地读出，以检测应试者使用普通话朗读书面作品的水平。朗读既不同于日常说话也不同于朗诵，因此需要应试者有充足的准备，了解朗读项目的要求，掌握朗读技巧，避免测试时出现失误。

学习主题一
朗读的要求

扫码看视频

学习笔记

情境案例

可是，在北方的冬天，而能有温晴的天气，济南真得算个宝地。

设若单单是有阳光，那也算不了出奇。请闭上眼睛想：一个老城，有山有水，全在天底下晒着阳光，暖和安适地睡着，只等春风来把它们唤醒，这是不是理想的境界？小山整把济南围了个圈儿，只有北边缺着点口儿。这一圈小山在冬天特别可爱，好像是把济南放在一个小摇篮里，它们安静不动地低声地说："你们放心吧，这儿准保暖和。"真的，济南的人们在冬天是面上含笑的。他们一看那些小山，心中便觉得有了着落，有了依靠。他们由天上看到山上，便不知不觉地想起：明天也许就是春天了吧？这样的温暖，今天夜里山草也许就绿起来了吧？就是这点儿幻想不能一时实现，他们也并不着急，因为这样慈善的冬天，干什么还希望别的呢！

（选自《普通话水平测试实施纲要》作品 17 号《济南的冬天》）

请尝试朗读上述材料，找出你认为容易读错的字词，并与同学分享在朗读中遇到的问题。

朗读是将书面语言转换为发音标准、生动形象的有声语言的再创作活动。朗读不仅可以提高阅读能力，也是理解文章的重要手段。朗读有利于思想熏陶，有助于情感的传递。

普通话水平测试中的朗读测试，是对应试者发音中声母、韵母、声调、语流音变、停连、重音、语调以及朗读流畅程度等方面的一种综合性语音测试。

一、语音规范，发音标准

语音规范，发音标准是普通话水平测试"朗读"部分的基本要求。朗读作品从《普通话水平测试用朗读作品》中随机选定，评分以朗读作品的前 400 个音节（作品中"//"前面的音节，不含标点符号和括注音节）为限。语音错误，每个音节扣 0.1 分。出现声母或韵母系统性语音缺陷，视程度扣 0.5 分、1 分。

（一）克服方言，读准声韵调

首先，朗读短文测试中语音规范程度所占的分值很重，所以应试者应将重点放在语音规范上。在准备短文时，要根据自己的语言情况，将容易读错的字词标出，反复练习，读准音节的声韵调。以下是不同地区的常见问题总结。

西北地区常见问题：在画卷中最先露出的是山根（gēn，不读 gēng）底那座明朝建筑岱宗坊。

中原地区常见问题：一只孤单的小（xiǎo，不读 siǎo）鸟无家可归。

福建地区常见问题：深红的颜色变成了绯（fēi，不读 hūi）红，绯红又变为浅红。

江浙地区常见问题：这（zhè，不读 zè）一切都是原始生命得以产生和发展的必要条件。

湖南地区常见问题：在繁华的巴黎大街的路旁，站着一个衣衫褴褛（lánlǚ，不读 nánnǚ）、头发斑白、双目失明的老人。

东北地区常见问题：其实，友情也好，爱（ài，不读 nài）情也好，久而久之都会转化为亲情。

（二）读对多音字、形近字、易错字的读音

多音字是指字形相同，读音不同的字。一字多音是产生误读的重要原因之一。例如，“似”“倒”“处”等。

形近字指结构相近的字。由于差别不大，导致在朗读中产生混淆。例如，“砌”“棱”“悭”“娑”等。

易错字指读音或字形容易出错的字。因为字形和其他字的字形有相似之处，所以容易读错或写错。这类问题在短文朗读中比较常见，应多加积累。例如，“血液”“绯红”“潜入”“提供”等。

（三）语流音变要正确，避免语调偏误

朗读时连续发出一连串的音节，称为语流。人们在语流中用抑扬顿挫来表情达意以及说话时的字调、句调都被统称为语调。在短文朗读时，要时刻注意语流音变的正确运用。例如：

“陶，陶校长，我砸的不是坏人，而是自己的同学啊！”（实际读作 ya）

说也奇怪，和新朋友会谈文学、谈哲学、谈人生道理等。（实际读作轻声 péngyou）

学习笔记

（四）连贯流畅，避免出现与文字材料不一致的情况

朗读中应试者除了要语音规范、吐字清晰，更要忠于原文，不填字、漏字、改字、颠倒、回读。要读得连贯流畅，避免结结巴巴或一字一字蹦读等情况的发生。

二、把握基调，感情贴切，真实自然 >>>>>>>>>>

基调是指短文作品中总的感情色彩以及朗读者的具体态度。感情有喜怒哀惧之分，态度有肯定、否定、赞扬、批评之别。朗读测试虽然对感情基调没有明确的评分标准，但从朗读效果来看，正确的感情色彩有助于提高成绩。所以应试者应把握好作品的正确基调以及感情色彩，做到自然大方。切忌将短文夸张地朗诵出来，影响总体效果。

学习笔记

做中学

读准下列句子中的易错词。

1. 牛似的模样。
2. 老太太穿着破旧。
3. 使我的小心眼儿里不只是着急。
4. 浴着朝霞熠熠闪光。
5. 这种伟大表现在他始终恪守着自己的原则。
6. 那是乡亲为了追求多棱的希望。

拓展练习

回顾普通话中的语流音变，读准下列句子中的易错词。

1. 好大的雪啊！
2. 一身素净的白衣黑裙。
3. 落光了叶子的柳树上挂满了毛茸茸亮晶晶的银条儿。
4. 割刈着欢笑的花果。
5. 一种面临磨难坦荡从容的气度。

学习主题二
朗读的内部技巧

情境案例

她的名字叫翁香玉。

每天放学的时候，她走的是经过我们家的一条小路，带着一位比她小的男孩儿，可能是弟弟。小路边是一条清澈见底的小溪，两旁竹阴覆盖，我总是远远地跟在她后面。夏日的午后特别炎热，走到半路她会停下来，拿手帕在溪水里浸湿，为小男孩儿擦脸。我也在后面停下来，把肮脏的手帕弄湿了擦脸，再一路远远跟着她回家。

后来我们家搬到镇上去了，过几年我也上了中学。有一天放学回家，在火车上，看见斜对面一位短头发、圆圆脸的女孩儿，一身素净的白衣黑裙。我想她一定不认识我了。火车很快到站了，我随着人群挤向门口，她也走近了，叫我的名字。这是她第一次和我说话。

（选自《普通话水平测试实施纲要》作品 52 号《永远的记忆》）

请根据朗读的基本要求，尝试朗读上述短文，然后用自己的话转述片段内容，同时分析第三自然段作者再次见到同学时的心情。

扫码看视频

学习笔记

短文朗读是将书面文字转化为有声语言的过程。作为朗诵者不仅要做到发音规范和标准，更要从朗读稿件内部入手，充分理解稿件内容并将实际情感运用其中，从而使朗读更加真实。这种思想感情的运动就叫作稿件朗读的内部技巧。

朗读的内部技巧概括起来主要有三个，分别是：情景再现、内在语、对象感。

一、情景再现 >>>>>>>>>>>>>>>>>>>>>>>>>>>>>>>>>>>

情景再现是朗读者调动处于运动状态的思想感情的重要手段。情景再现是在符合稿件需要的前提下，以稿件作品提供的材料为原型，使稿件中人物、事件、情节、场面、景物、情绪等在朗读者脑海里不断浮现，形成连续活动的画面，并不断引发相应的态度、感情的过程。

【示例】

夕阳落山不久，西方的天空，还燃烧着一片橘红色的晚霞。大海也被这霞光染成了红色，而且比天空的景色更要壮观。

解析：根据情景再现的技巧要求，我们在朗读这段文字之前，首先要理解文字的内容，并将内容映在脑中。要感受夕阳落山后天空和大海的样子，体会意境，再用看到画面后的真情实感朗读句子。

学习笔记

二、内在语

内在语是朗读者根据不同环境、不同对象所运用的表达形式。有时稿件想表达的意思，文字不便表露、不能表露或没有完全显露出来，作为朗读者来说不能就字而论，一定要努力挖掘文字后面更深刻的含义，将作品中的语言变为自己要说的话传达出来，这就是朗读短文的内在语的运用。这里还需要注意的是，普通话测试短文朗读的内在语与播音主持有声语言的内在语有些许区别，区别在于测试朗读作品中的内在语不允许朗读者增加文稿中没有的文字。

【示例】

我从小到大都听他说："你到哪里去？什么时候回家？汽车有没有汽油？不，不准去。"爸完全不知道怎么表达爱。除非……会不会是他已经表达了而我却未能察觉？

解析：当我们看到"爸完全不知道怎么表达爱"时，有些同学会误以为作者十分反感自己的父亲，因而在朗读时加入了厌烦的情绪。但根据内在语技巧的基本要求，我们一定不能就"字"而论，深入文章后我们知道其实作者想表达的与文字略有出入。在朗读这段时，可以加入一些遗憾的情绪，但更多的应该是对默默付出的父亲的肯定！

三、对象感

对象感顾名思义就是朗读者对朗读对象的交流以及呼应的感觉。好的对象感可以使稿件读听起来更加生动形象，不会让人觉得生硬、机械。普通话测试往往采用计算机辅助测试，因此在面临"无人观看"的情况下，朗读者如若保持"目中无人而心中有人"的朗读状态，定会增强朗读效果，从而提高测试成绩。

【示例】

森林，是地球生态系统的主体，是大自然的总调度室，是地球的绿色之肺。森林维护地球生态环境的这种"能吞能吐"的特殊功能是其他任何物体都不能取代的。然而，由于地球上的燃烧物增多，二氧化碳的排放量急剧增加，使得地球生态环境急剧恶化，主要表现为全球气候变暖，水分蒸发加快，改变了气流的循环，使气候变化加剧，从而引发热浪、飓风、暴雨、洪涝及干旱。

解析：这段文字属于科普性的说明文。根据对象感的基本要求，在朗读时，朗读者一定注意声音状态和语气，要想着把段落中的信息说给听众，讲给听众，而不是读给听众。两者的差异在于前者会更容易让大家接受并理解，后者则很难让听众找到文中的关键信息，觉得枯燥无味。

做中学

学习笔记

用朗读短文的内部技巧朗读下列句子。

1. 夕阳落山不久，西方的天空，还燃烧着一片橘红色的晚霞。大海也被这霞光染成了红色，而且比天空的景色更要壮观。

2. 纯朴的家乡村边有一条河，曲曲弯弯，河中架一弯石桥，弓样的小桥横跨两岸。

3. 一天，我在渥太华的街上被两个男孩子拦住去路。他们十来岁，穿得整整齐齐，每人头上戴着个做工精巧、色彩鲜艳的纸帽。

4. 我顺着林荫路望去，看见了一只嘴边还带黄色、头上生着柔毛的小麻雀。

5. 我爱月夜，但我也爱星天。从前在家乡七八月的夜晚在庭院里纳凉的时候，我最爱看天上密密麻麻的繁星。望着星天，我就会忘记一切，仿佛回到了母亲的怀里似的。

6. 人活着，最要紧的是寻觅到那片代表着生命绿色和人类希望的丛林，然后选一高高的枝头站在那里观览人生，消化痛苦，孕育歌声，愉悦世界！

7. 香港回归之后，他在家信中说到，他这只被故乡放飞到海外的风筝，尽管飘荡游弋，经沐风雨，可那线头儿一直在故乡和亲人手中牵着。

8. 在这以前和在这以后，曾有许多火光，似乎近在咫尺，不止使我一人心驰神往。可是生活之河却仍然在那阴森森的两岸之间流着。

9. 育才小学校长陶行知在校园看到学生王友用泥块砸自己班上的同学，陶行知当即喝止了他，并令他放学后到校长室去，无疑，陶行知是要好好教育这个“顽皮”的学生。那么他是如何教育的呢？

10. 地球上是否真的存在“无底洞”？按说地球是圆的，由地壳、地幔和地核三层组成，真正的“无底洞”是不应存在的。

拓展练习

以小组为单位，运用朗读的内部技巧，朗读《普通话水平测试实施纲要》中作品 3 号《丑石》、作品 7 号《二十美金的价值》、作品 10 号《父亲的爱》，并相互评价。

学习主题三 朗读的外部技巧

扫码看视频

情境案例

第一场雪(节选)

大雪整整下了一夜。今天早晨，天放晴了，太阳出来了。推开门一看，嗬！好大的雪啊！山川、河流、树木、房屋，全都罩上了一层厚厚的雪，万里江山，变成了粉妆玉砌的世界。落光了叶子的柳树上挂满了毛茸茸亮晶晶的银条儿；而那些冬夏常青的松树和柏树上，则挂满了蓬松松沉甸甸的雪球儿。一阵风吹来，树枝轻轻地摇晃，美丽的银条儿和雪球儿簌簌地落下来，玉屑似的雪末儿随风飘扬，映着清晨的阳光，显出一道道五光十色的彩虹。

（选自《普通话水平测试实施纲要》作品 5 号《第一场雪》）

概括段落大意，试着有感情地朗读段落，并分享朗读中遇到的问题。

朗读作为视觉形态转换为听觉形态的过程，需要具体的表达技巧，这种技巧就是外部技巧，即停连、重音、语气和节奏。

一、停连

停连是句子朗读语流中的停顿和连接，是朗读者常用的语言技巧之一。

停即停顿，指语句的间歇，分为两个大类——生理停顿和心理停顿。生理停顿是指人在朗读作品时不可能“一气呵成”，需要换气和呼吸保证朗读的流畅，这里的换气间隙就是生理停顿。心理停顿是朗读者根据作品内容通过思考有意为之的。一般在朗读中看到标点符号会有意停顿，但也有想刻意突出某些重点，脱离标点符号的停顿即强调停顿。

连是连接的意思，在作品朗读中，有些句子之间需要串联，尽管有标点符号作为分割，但从语句关系方面分析，又不能停顿，这种连贯式的朗读就是连接。相比于停顿来说，合理的连接会增强文章的意味，起到画龙点睛的作用。

我们常用的停连标注符号是：停顿，用“/”代替；连接，用“︵”代替。

【示例】

那是/力争上游的一种树，/笔直的干，/笔直的枝。它的干呢，通常/是丈把高，像是加以人工似的，/一丈以内，/绝无旁枝；它所有的丫枝呢，/一律向上，而且紧紧靠拢，/也像是加以人工似的，/成为一束，绝无横斜逸出；它的宽大的叶子/也是片片向上，几乎/没有斜生的，︵更不用说倒垂了；它的皮，光滑/而有银色的晕圈，微微泛出淡青色。这是虽在北方的风雪的压迫下/却保持着倔强/挺立的一种树！哪怕只有碗来粗细罢，它却努力向上发展，高到丈许，两丈，参天耸立，︵不折不挠，对抗着西北风。

二、重音 >>

重音并不是单纯的加重读音，它是指在作品朗读中需要着重强调的词或者词组。重音解决的是语句中各词或词组之间的主次关系问题。重音可以突出语句目的，使感情色彩更加鲜明。重音的形式有很多，如强弱、快慢等。

我们常用的重音标注符号是：强，用“. ”代替；弱，用“。”代替。快，用“—”代替，慢，用“═”。

【示例】

读小学的时候，我的外祖母去世了。外祖母生前最疼爱我，我无法排除自己的忧伤，每天在学校的操场上一圈儿又一圈儿地跑着，跑得累倒在地上，扑在草坪上痛哭。

那哀痛的日子，断断续续地持续了很久，爸爸妈妈也不知道如何安慰我。他们知道与其骗我说外祖母睡着了，还不如对我说实话：外祖母永远不会回来了。

三、语气 >>

朗读作品时的语气，是指在一定思想感情状态下具体语句的声音形式。作品不同，语句的本质不同，每一个语句必然会有符合语句自身的

学习笔记

语气存在。

【示例】

啊！小桥呢？它躲起来了？河中一道长虹，浴着朝霞熠熠闪光。哦，雄浑的大桥敞开胸怀，汽车的呼啸、摩托的笛音、自行车的叮铃，合奏着进行交响乐；南来的钢筋、花布，北往的柑橙、家禽，绘出交流欢悦图……(喜悦欢乐的语气)

【示例】

读小学的时候，我的外祖母去世了。外祖母生前最疼爱我，我无法排除自己的忧伤，每天在学校的操场上一圈儿又一圈儿地跑着，跑得累倒在地上，扑在草坪上痛哭。(伤感忧郁的语气)

【示例】

父亲发怒了："如果你只是要借钱去买毫无意义的玩具的话，给我回到你的房间睡觉去。好好想想为什么你会那么自私。我每天辛苦工作，没时间和你玩儿小孩子的游戏。"(生气发怒的语气)

学习笔记

四、节奏 >>>>>>>>>>>>>>>>>>>>>>>>>>>>>>>>>>>>>>>

节奏是有声语言运动的一种形式。节奏是朗读者根据作品，通过自身思想感情的起伏创造出的抑扬顿挫、轻重缓急的声音形式。节奏有高亢型、紧张型、轻快型、低沉型、舒缓型、凝重型。节奏与语气相似，两者的不同在于语气是以句子为单位，而节奏是以段落为单位。

节奏常用的方法有：欲扬先抑、欲抑先扬、欲快先慢、欲慢先快、先重先轻、欲轻先重、欲高先低、欲低先高。

【示例】

我们的船渐渐地逼近榕树了。我有机会看清它的真面目：是一棵大树，有数不清的丫枝，枝上又生根，有许多根一直垂到地上，伸进泥土里。一部分树枝垂到水面，从远处看，就像一棵大树斜躺在水面上一样。

现在正是枝繁叶茂的时节。这棵榕树好像在把它的全部生命力展示给我们看。那么多的绿叶，一簇堆在另一簇的上面，不留一点缝隙。翠绿的颜色明亮地在我们的眼前闪耀，似乎每一片树叶上都有一个新的生命在颤动，这美丽的南国的树！(轻快舒缓)

【示例】

这就是白杨树，西北极普通的一种树，然而决不是平凡的树！

它没有婆娑的姿态，没有屈曲盘旋的虬枝，也许你要说它不美丽，——如果美是专指“婆娑”或“横斜逸出”之类而言，那么白杨树算不得树中的好女子；但是它却是伟岸，正直，朴质，严肃，也不缺乏温和，更不用提它的坚强不屈与挺拔，它是树中的伟丈夫！当你在积雪初融的高原上走过，看见平坦的大地上傲然挺立这么一株或一排白杨树，难道你就只觉得树只是树，难道你就不想到它的朴质，严肃，坚强不屈，至少也象征了北方的农民；难道你竟一点儿也不联想到，在敌后的广大土地上，到处有坚强不屈，就像这白杨树一样傲然挺立的守卫他们家乡的哨兵！难道你又不更远一点想到这样枝枝叶叶靠紧团结，力求上进的白杨树，宛然象征了今天在华北平原纵横决荡用血写出新中国历史的那种精神和意志。（高亢）

做中学

学习笔记

用朗读短文的外部技巧朗读下列句子。

1. 他偶然有一个和非常成功的商人谈话的机会。当他对商人讲述了自己的“破产史”后，商人给了他两个重要的建议：一是尝试为别人解决一个难题；二是把精力集中在你知道的、你会的和拥有的东西上。

2. 我常想读书人是世间幸福人，因为他除了拥有现实的世界之外，还拥有另一个更为浩瀚也更为丰富的世界。现实的世界是人人都有的，而后一个世界却为读书人所独有。

3. 地球上的人都会有国家的概念，但未必时时都有国家的感情。往往人到异国，思念家乡，心怀故国，这国家概念就变得有血有肉，爱国之情来得非常具体。而现代社会，科技昌达，信息快捷，事事上网，世界真是太小太小。

4. 讲课时他常常对白话文大加称赞，引起一些只喜欢文言文而不喜欢白话文的学生的不满。

5. 三百多年前，建筑设计师莱伊恩受命设计了英国温泽市政府大厅。他运用工程力学的知识，依据自己多年的实践，巧妙地设计了只用一根柱子支撑的大厅天花板。

6. 一阵台风袭过，一只孤单的小鸟无家可归，落到被卷到洋里的木板上，乘流而下，姗姗而来，近了，近了！

7. 据统计，十年来纽约的公立小学只因为超级暴风雪停过七次课。这是多么令人惊讶的事。犯得着在大人都无须上班的时候让孩子去学校吗？

8. 我常常遗憾我家门前那块丑石：它黑黝黝地卧在那里，牛似的模样；谁也不知道是什么时候留在这里的，谁也不去理会它。

9. 老麻雀是猛扑下来救护幼雀的。它用身体掩护着自己的幼儿……但它整个小小的身体因恐怖而战栗着，它小小的声音也变得粗暴嘶哑，它在牺牲自己！

10. 我去爬山那天，正赶上个难得的好天，万里长空，云彩丝儿都不见。素常，烟雾腾腾的山头，显得眉目分明。同伴们都欣喜地说："明天早晨准可以看见日出了。"

拓展练习

以小组为单位，用朗读短文的外部技巧朗读《普通话水平测试实施纲要》中作品12号《海滨仲夏夜》、作品27号《麻雀》、作品42号《我的母亲独一无二》，并相互评价。

专题五
普通话命题说话

>> 学习目标

• 明确“命题说话”项的测试内容及评分要求。

• 围绕话题说够 3 分钟，内容集中，条理清楚，不离题或者刻意套题。

• 使用标准纯正的普通话语音，在声母、韵母、声调等方面做到发音到位，发音方法正确。

• 使用规范的普通话词汇和语法，通顺流畅地说话，避免口头禅和无意义的重复。

>> 学习导航

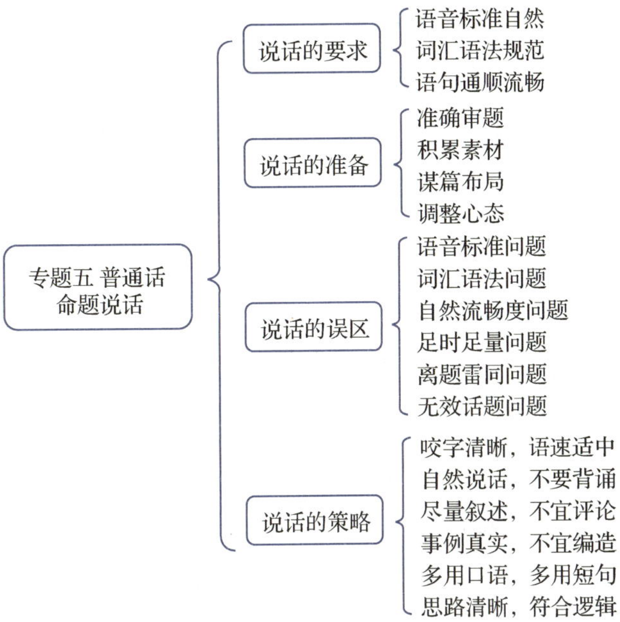

“命题说话”在普通话水平测试中具有相当重要的地位。它作为普通话水平测试中唯一一项无文字凭借的口语表达测试，所占的分值比重最大，要求也最高。应试者要想顺利通过此项测试，就必须了解普通话水平测试对“命题说话”的考查要求，了解在考前怎么做好“说话”准备，了解这项测试容易出现的失误情况并找到相应的对策。

学习主题一 说话的要求

扫码看视频

情境案例

我尊敬的人

我尊敬的人是我的老师，因为老师是知识的传播者，是美的耕耘者，为学生传道授业解惑。老师用爱的雨露滋润，用美的阳光普照，使学生的心田繁花似锦，绿草如茵！老师为花的盛开而耕耘着，为果的成熟而忙碌着，默默地垂着叶的绿荫！

请尝试脱稿复述上面这段话，说一说感受。想一想：“命题说话”的测试目的是什么？是测语音，还是考语文？怎样在符合考试要求的前提下发挥出自己的最佳水平？

“命题说话”是普通话水平测试的第四个测试项，其测试目的是测查应试者在无文字凭借的情况下的普通话水平，重点测查语音标准程度、词汇语法规范程度和自然流畅程度。测试时从“普通话水平测试用话题”的 30 个题库中，随机抽取两个话题，应试者从中任选一题进行 3 分钟连续说话。有人说，这是一项最能反映应试者普通话水平的测试项目。

虽然此项所使用的语言多为交谈式的口语，但比日常说话的要求要高得多。它要求围绕一个话题去说，内容集中，有条有理，不能离题或者刻意套题；同时要克服日常口语中的一些不良表达习惯，尽量不出现口头禅，不出现无意义的重复，不出现半截话。所以“命题说话”测试有一定的难度。首先，我们来了解普通话水平测试对“命题说话”的具体要求。

一、语音标准自然

语音标准，指的是测试时，首先，应试者必须使用普通话语音，发音要到位，发音方法要正确，尽量做到发音标准、纯正，避免发出错误或有缺陷的音，避免出现方言字音和方言语调；其次，吐字要清晰，避免因语速太快、咬字不清而出现含混、滑音、吃字、叠音等现象；最后还要注意语流音变。

语音自然，指的是应试者按照日常口语的语音、语调来表达，不要带有朗读或背诵的腔调。朗读、朗诵是一种艺术表演，允许夸张和美化。而说话是一种交际手段，人们希望听到的是亲切、自然、朴实无华的语言。因此，朗读和说话是两种不同的语体，它们各有各的用途，不能相互代替。

还有的应试者在测试时把说话变成背诵，这也是语音不自然的表现。其主要原因是应试者在测试前先对说话题目进行了书面“创作”，但测试时因为紧张等原因，不能把书面语言转化成口头语言，而是拘泥于原先的说话稿，逐句回忆背诵。虽然这种背诵和说话有相似之处，但背诵的语流平直呆板，语速缺少变化，因此给人生硬、不自然的感觉，影响得分。

命题说话测试项的评分标准中，语音标准程度共 25 分，分 6 档。评分时主要按照应试者在测试中错误音节量和方音的严重程度定档，错误和缺陷的音节越多，方音就越明显，扣分也就越多。语音标准程度最大扣分量为 14 分。

首先，方音最明显的体现是说话时声调存在调型错误与缺陷现象，其次体现在声母与韵母的发音错误与缺陷中，另外轻重音处理不合理、语气词使用不当、句调单一等都会使说话时带有方音。因此，我们在命题说话环节要做到语音规范，始终注意普通话语音的声母、韵母、声调的发音，力求用一口标准流利的普通话说满 3 分钟。

二、词汇语法规范

词汇语法规范是“命题说话”项的基本要求之一，在评分标准中的分值共有 10 分。根据应试者词汇语法规范程度分为 3 档：一档为词汇语法规范，不扣分；二档为词汇语法偶有(1 至 3 次)不规范的情况，扣 1 分、2 分；三档为词汇语法屡有(4 次及以上)不规范的情况，扣 3 分、4 分。

学习笔记

词汇规范是指说话时要求使用普通话词汇，不出现方言词汇。来自方言区的应试者经常会下意识地用普通话语音说方言，而自己却浑然不知。例如，把“咸菜”说成“菜咸”，把“很好”说成“蛮好”，把“拖鞋”说成“鞋拖”，把“左边”说成“左半个”，把“难看”说成“磕碜”等。这些词汇不规范现象要尽量避免。

为了表现口语语体色彩，说话时要尽量使用口语词汇，少用“之乎者也”之类的文言词汇和“诸如”“总而言之”“父亲”“午后”等书面语。在书面语中使用这些词语可以使文章显得精练、雅致，使语言增加庄重的色彩，但是在口语表达中却会使句子显得生硬、拗口。命题说话是口语表达形式，要求语言自然、生动、直白。因此在测试中，使用富有生活气息的口语更好。

要做到词汇规范，还要注意慎用网络新词，不用粗俗语和时髦语。随着现代社会网络的快速发展，生活中出现了很多时髦的网络新词。虽然这些新词很时髦，但它毕竟只流行于某些特定的范围和圈子，并不适用于整个社会。并且有些是不规范的生造词汇，更加不适合在正式的场合使用。

语法规范指的是在说话时使用规范的普通话语法，避免方言语法，摒弃不规范的生造语法。我们要注意普通话定义中的“以典范的现代白话文著作为语法规范”这句话，不要因为对普通话口语语法认识的不足，而出现“我走先”“我有去过”“我好不好进来”等不规范的句子。另外，由于准备不充分、心理紧张等原因，应试者在说话时难免出现说半截话、语法错误等情况，这些现象都要尽量避免。

三、语句通顺流畅

“自然流畅程度”在命题说话中占 5 分。《普通话水平测试大纲》规定，应试者在测试时如果语调生硬，语言不连贯，可以扣 2 分或 3 分；如果有明显的背稿倾向，或者口语化较差，可以扣 0.5 分或 1 分。

在口语表达中，语句是否通顺流畅，是否合乎语法规范，对表达效果有很大影响。说话语句流畅，听起来如行云流水，可以使听者容易理解，不易引起听者的疲劳。如果说话时断断续续，语法混乱，不但不易使人领会语义，而且容易使人疲劳或厌烦，引起信息传达和接收的障碍。要做到在说话时语句自然流畅、通顺规范，要注意以下几个方面。

首先，多选用短句和散句的口语句式。

一方面，相对于长句而言，短句修饰语少，结构简单，表意简洁明快。在口语交际中，人们接收信息不像看书能一目十行，看不明白还能重复再看，而是按线性系列一次性接收。如果句子太长，结构复杂，当句子结尾进入大脑时，句子开头的印象已经不深。这样人脑接收信息就会很吃力。另一方面，句子长了会影响说话人的表达。因为说话是将思维直接转化为口语，说话人难以在考虑表达内容的同时赋予它完美的结构，所以句子过长、结构复杂容易使应试者在测试时出现语法和逻辑上的错误。因此，口语更适合选用短句和散句的句式。

其次，说话时应避免无意义的重复和口头禅。

很多人在说话时，因为紧张而引起思维跟不上说话的速度，会习惯性地在句子中加入一些口头禅，如“然后”“嗯”“啊”“这个”“就是说”等。有人在3分钟的说话中一连用了几十个“然后”，几乎每一句开头都有。这是一种毫无意义的冗余成分，它使说话啰唆繁复、断断续续，听起来不流畅、不简洁，因此应避免这种口头禅。

但是我们并不反对在说话中加入适当的冗余成分，如“所以呢我们就成了好朋友”“我对运动这件事吧并没有多大兴趣”，这两句话中的“呢”“吧”使句中多了一处停顿，使语气舒缓、亲切，起到了停顿的作用。“我们都是同龄人，同龄人相处应该是融洽的。”后半句中的“同龄人”起到了强调的作用。在说话中适当加入舒缓语气、解释强调等作用的冗余成分，是有积极作用的。

最后，我们在说话时要做到通顺规范，还要注意尽量避免几种常见的语法错误，如成分残缺、动宾搭配不当、修饰语与中心语搭配不当、语序混乱、句式杂糅等。

学习笔记

做中学

1. 思考：普通话的日常说话表达与朗读文章有什么不同？

2. 请找出下面句子中表述不规范的词汇，并加以改正。

这次出去游玩，我们都是踩单车去的。

夏天同学们喜欢穿着凉拖。

春节的气氛不要太开心哦！

我的假日生活非常充足。

我想成为画家的愿望没有那么激烈了。

小时候我最喜欢那种一块钱两块钱的冰棍。

学习笔记

社会秩序不那么安分。

知识面有很大增长。

3. 请找出下列句子中语法表述不规范的地方，并加以改正。

我真想有一天我能成为一名光荣的人民教师是我的梦想。

他还在路上，我们吃饭先吧。

他拼命在房间里吃啤酒、吃烟。

普通话必须要我们不断地锻炼。

天底下哪有这样的人蛮不讲理的，颠三倒四地说出来的话。

集体它成长了我。

音乐娱乐我们的同时，从中得到文化。

去年刮起去西藏的热潮。

我妈妈缺点是个头不高，是中学教师。

我非常感到自豪。

爸爸准备了很多苹果、香蕉、梨和水果。

物质提高了，精神也提高了。

4. 讨论：你的家乡方言的词汇、语法与普通话有什么不同之处，找出来和大家分享。

5. 从普通话水平测试用话题的 1～10 号话题中选择一个话题，围绕这个话题说一段满 3 分钟的话，并录下来。

6. 反复回听第 4 题中的录音，找出自己在语音、词汇、语法表达中不符合普通话规范的地方，并加以改正。

拓展练习

1. 将下面《晏子使楚》故事用通俗易懂的普通话口语复述出来。

晏子被派遣到楚国。楚人知道晏子身材矮小，在大门的旁边开一个小洞请晏子进去。晏子不进去，说："出使到狗国的人从狗洞进去，今天我出使到楚国来，不应该从这个洞进去。"迎接宾客的人带晏子改从大门进去。

晏子拜见楚王。楚王说："齐国没有人可派吗？竟派您做使臣。"晏子严肃地回答说："齐国的都城临淄有七千五百户人家，人们一起张开袖子，天就阴暗下来；一起挥洒汗水，就会汇成大雨；街上行人肩膀靠着肩膀，脚尖碰脚后跟，怎么能说没有人才呢？"楚王说："既然这样，那么为什么会打发你来呢？"晏子回答说："齐国派遣使臣，要根据不同的对象，贤能的人被派遣出使到贤能的国王那里去，不肖的人被派遣出使到不肖的国王那里去。我晏婴是最不肖的人，所以只好出使到楚国来了。"

【提示】

复述故事时要注意将书面语转换成通俗易懂的口语。复述不是一字不落地背诵，可以对语法、句式进行调整，将长句变成短句，将复杂句转换成简单句，并能条理清晰地反映各部分内容之间的内在联系，完整准确地体现原材料的中心和重点。

2. 阅读下列文字，说说你的理解与感悟。

养牛之道

我们旅行到乡间，看到一个老农把喂牛的草料铲到一间小茅屋的屋檐上，不免感到奇怪，于是就问道："老公公，你为什么不把喂牛的草放在地上，让它吃?"老农说："这种草的草质不好，我要是放在地上它就不屑一顾；但是我放到让它勉强可够得着的屋檐上，它会努力去吃，直到把全部草料吃个精光。"

【提示】人多半生活在猜想和期盼中，如果你对自己的未来一览无遗，也将一切都会索然无味。

学习主题二 说话的准备

情境案例

这是一段话题为《我知道的风俗》的3分钟说话录音，内容大致分为两部分：应试者首先说了一些关于春节的风俗，包括大扫除、发红包等，然后说了丧葬风俗，谈到对"白喜事"名称的疑惑以及看到的各种丧葬形式。

听完这个音频后，请同学们想一想：我们应该如何准备说话的内容？

扫码看视频

"命题说话"测查的内容多、分值高、难度大，实际测试时间也最长，我们要特别重视这项内容。要想在此项测试中做到语音标准、语句流畅地围绕话题说满3分钟，就必须在审题、选材、布局谋篇等方面做好充分的准备。并且应试者还要调整好心态，沉着应对，这样才能使说话达到好的效果。

一、准确审题

准确审题就是细致周密地了解、认识题意，避免离题偏题，做到有的放矢，使说话的内容符合话题的要求。《浙江省普通话水平测试评分细则》规定，如果应试者在说话时有明显离题现象，测试员按照评分标准可以扣 3～5 分。

审题时要注意话题所揭示的中心和范围。如“我向往的地方”中的“向往”一词，意思是“因热爱、羡慕某种事物或境界而希望得到或达到”，包含了未得到或未达到的意思，有的应试者在考试中把这个话题说成“我向往的地方是我的家乡”“我向往的地方是我的学校”明显不符合题意。

认真审题要认清话题所暗示的表达类型特点。《普通话水平测试大纲》提供的说话题目共 30 个，大致可分为记叙和议论两大类，概括如下。

（一）记叙

记人物：我尊敬的人、我的朋友、我所在的集体、我喜欢的明星。

记事件：我的愿望（理想）、难忘的旅行。

记生活：我的学习生活、我的业余生活、我的假日生活、我的成长之路、童年的记忆、我和体育。

学习笔记

记所爱：我的家乡（或熟悉的地方）、我喜爱的动物（或植物）、我喜爱的职业、我喜爱的文学（或其他）艺术形式、我喜欢的季节（或天气）、我喜欢的节日、风俗、书刊和我向往的地方。

（二）议论

论人：谈谈社会公德（或职业道德）、谈谈个人修养。

论事：谈谈科技发展与社会生活、谈谈对环境保护的认识。

二、积累素材 >>>>>>>>>>>>>>>>>>>>>>>>>>>>>>>>>>>

普通话命题说话测试的话题都是紧扣生活、紧扣自我的。在说话时，既要避免离题万里，还要防止无话可说，因此我们要积累素材。首先在日常生活和学习中，注意搜集身边的素材。论人物的话题得有具体事例说明所述人物的兴趣爱好、性格特征、人品等；记事的话题本身就是叙事，更应该有具体的事例；记生活的话题要有具体事例形象地描写生活的某个侧面；记所爱的话题需要你回顾事例的具体过程细节。生活是多姿多彩的，只要我们仔细观察，用心积累，就能收集到丰富多彩的材料事例。材料积累得越多，我们选择的空间就越大，在说话时就能有话可说。

但是这并不是说把能想到的所有材料不分主次、不加取舍地说出来，而是要注意选材。选择紧扣话题中心的材料，舍弃无关紧要、毫无意义的内容，切忌材料过多过杂、东拉西扯；选择典型的、富有代表性的材料来表达，不要因为时间的限制而逢材就取、想说就说；选择生动真实、富有新意的材料，用新颖活泼、充满生活气息的材料表达出口语语言的生动自然。

另外，还要注意不要为了拖延时间而加入一些不符合要求的材料，如唱歌、说外语、说方言、背一段课文等，或者采用重复某句话、某个词等不符合要求的方式。《浙江省普通话水平测试评分细则》规定，如应试者出现以上情况，测试员可按“时间不足”“无效话语”酌情扣分。

三、谋篇布局

“命题说话”虽然是没有文字凭据的口头表达，但是我们可以根据话题提早准备说话内容。考前利用充足的时间搜集材料，编写说话提纲或者说话稿，进行有针对性、有步骤的命题说话训练。我们只有在充分准备并认真构思说话内容的前提下，才能在紧张的考试中把更多的注意力集中到规范使用普通话上，顺利通过考试。

准备一段3分钟的说话内容，首先要进行布局谋篇。无论是记叙还是议论，说话都要讲究结构，常见的说话结构是“引入话题—展开话题—有序结尾”。一般在命题说话测试中采用顺叙的方法组织内容。说话的顺序可以是空间顺序、时间顺序，也可以是由主到次、由表及里、由正到反的逻辑顺序。

记人的话题，应试者可以先明确所说对象，再介绍所说对象的职业、年龄、外貌特征等。然后点明要说的某个方面，如爸爸的严厉、妈妈的疼爱、好友的境遇、师长的可敬、集体的温暖等。接着用具体事例（事件的时间、地点、缘由、经过、结果）说明所说对象的某个特征。最后总体概括所说对象，抒发情感。

记事的话题，先点明要说的事件是什么，再具体记叙事件发生的时间、地点、所涉及的人物、缘由、经过、结果等，越具体越好。然后抒发感受、展开话题。

记生活的话题，先概述话题所要求的基本情况或基本状态。如学习生活的状态、职业或专业是什么、家乡话是什么话等。然后具体叙述话题要求的内容，最后总结并表明态度。

记所爱的话题，先点明所爱的具体对象，如什么小动物等。再记叙所爱对象的基本情况，如书刊的具体内容、小动物的外部特征、生活习性等。接着叙述自己与所说对象的关系（最好有具体事例），并说明所爱的原因。

学习笔记

议论类话题，先解题，表明自己的观点。再举出一两个具体事例证明自己的观点，最后总结。

四、调整心态 >>>>>>>>>>>>>>>>>>>>>>>>>>>>>>>>>>>>>>

普通话水平测试是强度较高的语言能力测试，尤其第四项命题说话测试，因为没有文字凭借而容易使应试者产生心理负担。从这个角度来说，命题说话不仅是对普通话水平的测试，也是对应试者心理素质的测试。

考试中，我们发现应试者的紧张心理多少会影响其普通话水平的正常发挥，还有不少应试者明显表现出心理失常的状态，如脸色发白、双手发抖、语不成句，甚至长时间地沉默而无法将说话继续下去，有些人干脆放弃了考试，非常可惜。为了顺利通过考试，我们在前期的准备中除了准确审题、积累素材、布局谋篇之外，还要把心态调整到最佳状态，沉着应对。

学习笔记

应试者在平时的训练中要抓住机会、创造条件锻炼说话的胆量，做到在大众面前自然地用规范的普通话，条理清楚地表达自己的观点，如面对全班同学讲一个故事或者发表一段演说。虽然命题说话的考试形式是考生独自陈述，但不是自言自语，而是更接近于我们日常口语交际中向他人介绍、传达自己观点的方式。因此应试者在平时的训练中应该着眼于各种交际语境的口语表达，而不仅仅是“自己说给自己听”。对着自己内心说话和对着他人说话的目的不同，说话者的心理状态也不同。锻炼说话胆量，提高口语表达能力，可以使应试者在考试中更加镇定大方、充满自信。

在进行命题说话考试时，应试者要有心理对象。假定自己是和一个或两三个朋友聊天，不要假定自己将要面对众人进行演讲。因为在人际交流中，一对一或者一对少，比一对众的心理负担要轻。人少会感觉距离比较近，更容易调整到轻松的说话状态。如“童年的记忆”，我们假定是和一个好朋友一对一聊天，说的内容选择性比较多；如果设定为一对众的演说，就会受到很多限制和束缚，内容就会变窄，状态会变紧张。

考试时把注意力集中到语音、词汇、语法的规范使用上，集中到想办法把正在说的话语延续下去而避免出现冷场的情况上。而不是把心思放在考虑诸如“还剩下多少时间”“我说得好不好”之类的问题上。只要时间不到 3 分钟，就要继续讲下去。假如事先准备好的材料已经讲完，但仍未到3分钟时，应试者要沉着冷静、随机应变，快速回想刚才所说的内容是否有表达不全面的地方，然后做进一步的完善和拓展。但是注意不要因为时间未到，而故意放慢语速或使用啰唆的语句拖延时间，这样会导致说话生硬不自然，影响得分。

做中学

1. 在普通话口语训练中，如何有效调整紧张的心理？

2. 用普通话向同学介绍自己喜欢的一部电影或者一本书，时间不少于3分钟；然后请同学指出你的语音、语流问题，并加以改正。

3. 根据下面这首短诗提供的情节和意境展开想象，扩展成一则小故事。

题都城南庄

作者：崔护（唐）

去年今日此门中，人面桃花相映红。

人面不知何处去，桃花依旧笑春风。

【提示】这首诗设置了两个场景，“寻春遇艳”与“重寻不遇”，虽然场景相同，却物是人非。开头两句追忆“去年今日”的情景，先点出时间和地点，接着描写佳人，以“桃花”的红艳烘托“人面”之美；结尾两句写“今年今日”，与“去年今日”有同有异，有续有断，桃花依旧，人面不见。两个场景的映照，曲折地表达出诗人的无限怅惘之情。

扩展复述材料时，可按照故事发生的时间顺序，通过想象补充细节，使内容更加生动、充实、完整。

拓展练习

1. 从“普通话水平测试用话题”11～20号中选择一个话题，然后围绕话题说一段满3分钟的话，并录下来。

2. 反复回听第1题的录音，找出自己在词汇语法表达方面不规范的地方，并加以改正。

3. 阅读下列文字，说说你的理解与感悟。

魏文王问名医扁鹊说：“你们家兄弟三人，都精于医术，到底哪一位最好呢？”

扁鹊答说：“长兄最好，中兄次之，我最差。”

文王再问：“那么为什么你最出名呢？”

扁鹊答说："我长兄治病，是治病于病情发作之前。由于一般人不知道他事先能铲除病因，所以他的名气无法传出去，只有我们家的人才知道。我中兄治病，是治病于病情初起之时。一般人以为他只能治轻微的小病，所以他的名气只及于本乡里。而我扁鹊治病，是治病于病情严重之时。一般人都看到我在经脉上穿针管来放血、在皮肤上敷药等大手术，所以以为我的医术高明，名气因此响遍全国。"

【提示】事后控制不如事中控制，事中控制不如事前控制。

学习主题三
说话的误区

扫码看视频

情境案例

童年的记忆

每当看到活泼可爱、天真无邪的小孩从我身边蹦蹦跳跳经过时，总会勾起我对童年往事的回忆。我的童年是快乐的，也是幸福的。那时候的我和同龄的孩子一样，是那么的调皮、贪玩。捉迷藏、过家家、上山采蘑菇、爬树掏鸟蛋、下河摸鱼虾，这些可都是我们小孩最喜欢玩的事。

这样一段话应该用怎样的语体色彩去说？是说话，还是朗诵？说一说哪种方式更符合考试的要求。

"命题说话"的测试方式是由应试者从试卷给定的两个话题中选取一个，连续说一段满 3 分钟的话，由测试员进行分数评定，即"人工测试"。测试员从 6 个方面对应试者的普通话水平进行评测：①语音标准程度，共 25 分，分 6 档；②词汇语法规范程度，共 10 分，分 3 档；③自然流畅程度，共 5 分，分 3 档；④说话不足 3 分钟，酌情扣分；⑤离题，内容雷同，视程度分别扣 4 分、5 分、6 分；⑥无效话语，按累计所占时间酌情扣分。"命题说话"在整个普通话测试中所占的分值最高，失分率也最高，是测试的关键项。

一、语音标准问题 >>>>>>>>>>>>>>>>>>>>>>>>>>>>>>>

命题说话的第一个失分点是语音不标准问题。语音标准程度是命题说话评分标准中分值最高的一项。测试中，语音错误往往表现在声母、韵母、声调、语流音变四个方面。

在声母方面，有的应试者平翘舌不平，如把“结束”说成“结素”；在韵母方面，有的应试者前后鼻韵不分，如把“卫生”说成“卫身”；在声调方面，上声发成了半上声，造成了调形不完整，如“集体”的“体”，发成了“21”调值；在语流音变方面，必读轻声的词语没有读轻声，如“学生”。这些语音错误使普通话听起来不地道、不规范，影响测试成绩。另外，一些容易读错音的常用词也是失分点，例如，“尽管”的“尽”、“氛围”的“氛”、“因为”的“为”、“处理”的“处”、“模样”的“模”、“埋怨”的“埋”、“比较”的“较”等。

“无文字凭据”是命题说话的语音失误的原因之一。前面三题的测试内容有文字凭据，应试者可以看着读，对具体的发音可以提前准备。而在命题说话时，应试者既要组织语言，又要考虑内容的延续，所以对说出口的字音无法做到充分的准备，容易出现语音错误或缺陷。如平翘舌和前后鼻音，有的应试者看着文字时还能注意发音，一旦没有了文字凭据，再加上考试时的紧张状态，语音问题就暴露出来。

学习笔记

二、词汇语法问题 >>>>>>>>>>>>>>>>>>>>>>>>>>>>>>>

词汇语法的不规范是第二个常见的失分点，除了心理和口语表达能力等原因之外，还有应试者的认识问题。有些应试者认为只要语音标准，说的就是标准的普通话，其实不然。标准的普通话不仅包括标准的语音，还包括规范的语法。考试中不能使用方言词汇，应避免方言语法，摒弃不规范的生造词汇、语法。

方言和普通话的区别，不仅在于语音和语调，还在于词汇语法。语言在产生和发展的过程中，各成系统，又相互影响。随着人与人之间的交往日益密切，语言之间的渗透更加频繁。第七版《现代汉语词典》中收录了一些已为中国人广泛使用的外来词和方言词，如“血拼”“跑路”“分分钟”等，成了普通话的正式用语。虽然语言之间的相互渗透不可避免，但普通话水平测试是一项标准化的考试，要求考生使用规范标准的普通话词汇和语法进行口语表达。因此，一些流行一时而不规范的网络用语，或者直接用普通话语音表达的方言词汇和语法，应试者应尽量避免使用，以免在测试中因不规范的表达而失分。

词汇语法的失分还表现在语法错误方面，比较常见的有：成分残缺，如我已经开始对这件事情了；搭配不当，主要表现为动宾搭配不当，修饰词与中心词搭配不当等，如他拼命在房间里吃啤酒、吃烟；语序不当，主要表现为定、状、补等句子成分的位置不当，如天底下哪有这样的人蛮不讲理的，颠三倒四地说出来的话；结构混乱，主要指一个句子中，两种格式的句子套用，如我真想有一天我能成为一名光荣的人民教师是我的梦想。

三、自然流畅度问题 >>>>>>>>>>>>>>>>>>>>>>>>>>>>>>

命题说话的第三个失分点是不自然流畅的问题。有的应试者因为思路不清晰，语言组织能力较差，表达时断断续续。还有的应试者出现无意义的重复和“这个”“然后”“嗯”等口头禅，或者出现背稿现象等，都会影响自然流畅度。

在普通话水平测试中，我们发现许多应试者在前三题的失分比较少，但到了命题说话这一题，却暴露了许多语言缺陷。很大程度的原因是前三题可以“照本宣科”，但是命题说话项要求应试者不凭借任何文字辅助，完全凭思考，因此考生要兼顾各种要素。很多考生因为准备不充分，心理素质不过关的原因，说得结结巴巴，出现冷场、空白，或者语无伦次地重复与话题无关的语言片段。这些都是因为应试者信心不足而导致的思维混乱、口齿不清。

学习笔记

不够自然流畅的失分原因还有语调生硬，背稿现象的问题。很多应试者考前都准备了说话稿，希望通过熟记说话稿，达到顺利完成命题说话项的目的。但是书面语和口语是不同的，许多用书面语写的句子，用口语表达时却显得很不自然。而且，许多人一旦进入紧张的考试氛围中就出现“失忆”现象，往往无法自然流畅地复述所准备的文字内容。说话稿不但不能帮助应试者流畅地说话，反而因为受说话稿的限制出现了背稿的生硬语调。

四、足时足量问题 >>>>>>>>>>>>>>>>>>>>>>>>>>>>>>>>

命题说话的第四个失分点是缺时问题。命题说话测试要求应试者连续说 3 分钟的话。很多应试者因为准备不充分或者状态紧张等原因，还没到 3 分钟就提前结束了测试，或者在说话时出现长时间的停顿，从而造成缺时现象。如果应试者的口语表达未达到 3 分钟，测试员就会根据“时间不足”评分项的要求和应试者说话的具体情况进行扣分。说话时间不满 30 秒的情况下，可以扣到最大分值 40 分，即本项测试成绩判为 0 分。

由于应试者职业、年龄、性格等差异，3 分钟时间内所表达的音节量会有一定差异。但是按照正常语速，3 分钟的口语表达大概有 600 字的音节量。有的应试者语速过慢，停顿过长，重复过多，造成 3 分钟说话的音节量不足 600 字，这也是影响测试成绩的一个原因。

因此，应试者应充分准备此项测试，使说话内容足以达到 3 分钟的表达需要。

五、离题雷同问题 >>>>>>>>>>>>>>>>>>>>>>>>>>>>>>>

虽然命题说话测试的要求比较宽松，只要围绕话题即可，但是不能想说什么就说什么。有些应试者因为说话不持续，或者想要走捷径而故意转移话题，使得说话内容与话题毫不相关，就会被判作离题。如在网上和实际考试中很多应试者滥用“番茄炒蛋”的事例，想要“以不变应万变”，结果反而在考试成绩上占不到好处。还有的应试者直接背诵或者改编现成的语言材料，与网络上的稿件或者书刊上的内容高度重合，因此被判为雷同。在测试中，部分应试者不懂评分标准或无视评分规则，所以离题雷同问题时有发生。

另外在考试中，还有应试者因为没有看清题目而离题，如把“我喜欢的节日”看成“我喜欢的节目”。

学习笔记

六、无效话题问题 >>>>>>>>>>>>>>>>>>>>>>>>>>>>>>>

测试中，出现无效话语的情况有两种。第一种是应试者不断重复与测试无关的内容，这样会被视为无效话语。第二种情况是应试者未按照要求选择一个话题来说，而是两个话题都说，那么评分时测试员会将首先超过 30 秒的话题视为有效话题，然后根据评分标准打分，另一个话题无论说得怎么样，都被视为无效话语。

做中学

1. 向同学讲述一段难忘的旅行，尽量把过程讲详细，时间不少于 3 分钟，注意语音语流的准确把握；请同学指出表达不规范之处，并加以改正。

2. 向全班同学做自我介绍，注意与听众的眼神交流，做到语音清晰准确、语句自然流畅。

3. 假设你的身份是一名维护城市清洁的志愿者，在公共场合遇到乱扔垃圾的人，你将如何纠正他的不当行为呢？请与同学合作进行模拟表演，重点演示你准备劝说的话语。

4. 阅读下列文字，说说你的理解与感悟。

有一天动物管理员们发现袋鼠从笼子里跑了出来，于是开会讨论，一致认为是笼子的高度过低。所以他们决定将笼子的高度加高。结果他们发现袋鼠还是跑到外面来，所以他们又决定加高。没想到隔天他们居然又看到袋鼠全跑到外面。于是管理员们大为紧张，决定将笼子的高度又加高。一天，长颈鹿和几只袋鼠们在闲聊。“你们看，这些人会不会再继续加高你们的笼子?”长颈鹿问。“很难说。”袋鼠说，“如果他们再继续忘记关门的话!”

【提示】事有本末、轻重、缓急之分，更重要的是学会抓住关键问题。

拓展练习

1. 归纳自己在普通话口语表达中的语音问题，并思考如何改正。

2. 归纳自己在普通话口语表达中的语调问题，并思考如何改正。

3. 思考在普通话口语训练中，如何才能保持语流的连贯性。

4. 从“普通话水平测试用话题”21～30 号中选择一个话题，围绕这个话题说一段满 3 分钟的话，并录下来。

5. 反复回听第 1 题中的录音，找出自己在词汇语法表达中不符合普通话规范的地方，并加以改正。

6. 仔细观察图 5-3-1，通过联想，对这张图片进行解说。

图 5-3-1　森林里的小火车

学习主题四
说话的策略

扫码看视频

学习笔记

情境案例

谈谈服饰

思路一：概括性地列出服饰的种类、服饰的发展历史、服饰的作用和意义等。

思路二：过渡到具体的某个人，用叙述的方式讲述具体的事例，讲他如何讲究服饰搭配，在工作生活中他是怎么样穿着打扮的。或者讲讲某人大大咧咧，不注重服饰，他又是怎么表现的。

根据上面提供的两个讲话思路，试着讲 3 分钟“谈谈服饰”这个话题，感受一下哪种思路更容易说。

由于考试方式的特殊性，在命题说话测试中，应试者往往会暴露口语表达的各种问题，如语音错误、思维混乱、心理紧张等。命题说话是对普通话标准程度、熟练程度、规范程度以及心理素质的全面考查，这项成绩很大程度影响了普通话成绩的最终等级，所以应高度重视。以下针对测试中容易出现的失误点，总结归纳了相应的备考策略。

一、咬字清晰，语速适中 >>>>>>>>>>>>>>>>>>>>>>>

注意发音比日常生活的说话略饱满，因为咬字清晰、状态饱满有利于避免发出错误音或缺陷音。如果说话时把声音停留在口腔里，就会给人含混不清的感觉。

要做到语音准确规范，就要始终注意声母、韵母和声调的发音标准。应试者需要清楚地认识自身语音中存在的问题，然后进行有针对性的强化训练。训练时，注意找准每个声母、韵母、声调的正确发音方法和发音部位，从音素到音节、从字到词、从短语到句子，循序渐进地练习。语音的矫正是一个艰难的过程，因为我们的口腔肌肉是有记忆的，改变原来长期的发音状态需要大量的训练。需要强调的是，正音练习一定要保证发音的准确性，否则大量的操作只能成为“强化错误”的途径。

另外，控制语速也是有效减少语音失误的好方法。语速太快不仅会导致主要元音开口度不够、归音不到位、复韵母动程不明显、容易产生滑音吃字等现象，影响语音的标准程度，而且会使3分钟说话的音节量增加，从而增加错误的概率。另外，应试者的语速也不能太慢，因为语速过慢会导致语流凝滞，语句不连贯，不像日常说话的语调，让人听起来别扭。

因此，为了顺利说满3分钟，在说话过程中减少不必要的错误，应试者应该语速适中、发音清晰从容。

二、自然说话，不要背诵 >>>>>>>>>>>>>>>>>>>>>>>>>

学习笔记

命题说话，顾名思义是“说”“讲”的语体，不是“朗读”“背诵”的语体。有些应试者在说话过程中刻意展示自己的朗诵水平，追求感染力、表现力和情感表达等。有些应试者喜欢把每一个话题像写作文一样完整地写出来，或者从网上下载文章，然后背诵，这些都是不可取的。

如果在测试中出现背稿现象会被扣分，因此尽量自然说话，避免背稿。可以尝试以下两种方法：一是在考前准备阶段用关键词法代替背作文法。如果有现成的文字稿，人就容易被束缚，说话时要逐字逐句回忆，一旦出现说的和文稿中不一样时，会感觉自己出错了，从而影响情绪。练习时，我们可以写下几个关键词，然后根据关键词反复训练。关键词可以越练越少，每一遍练习的内容不需要完全一样。用关键词练习说话比背完整的作文有更自由的发挥空间。二是利用情景再现法。说话的时候，大脑不要过多地想词想句子，而是真正地融入内容当中，回忆所要讲的人、所要讲的事、所要表达的感情等。练习中利用关键词法和情景再现法，可以避免背稿现象，大大提高自然流畅度。

三、尽量叙述，不宜评议 >>>>>>>>>>>>>>>>>>>>>>>>>

相对评议来说，叙述更有利于应试者发挥。比如，以“我的成长之路”为话题，概括性地评述成长之路是一条怎样的路是有难度的；如果过渡到叙述成长过程中的具体事件，如讲述高兴的事、难过的事、艰难的事，就容易得多。

命题说话的30个题目，虽然有不同的类型，但是每一个话题的具体内容都可以过渡到说人叙事上。如果抽到的是议论类和说明类的话题，也可以转换成叙述的方式，如“谈谈社会公德”这个话题。很多应试者不喜欢这类题目，因为一看到“谈谈”，大家就觉得应该进行评论。其实并非如此，这类题目我们可以用叙述的方式展开，用生活中具体的事例谈社会公德，如在公园里遛狗不拴绳、在地铁上大声放音乐、在公交车上大声聊天等，把看到的或者听到的事例的具体细节叙述一下。再如“谈谈个人修养”，应试者在引入话题之后，可以转换成叙述某一个人的修养表现，用具体事例说明个人修养的高低。

学习笔记

最好的说话方式是讲故事，故事情节不容易忘记，情节越细越好，慢慢谈，细细讲，说话内容就丰富起来了。在命题说话中，少议论多叙述是降低说话难度系数的好方法。无论是哪种类型的话题，应试者都可以落实到具体的人和事来阐述话题，从而流畅完成该项测试。

四、事例真实，不宜编造 >>>>>>>>>>>>>>>>>>>>>>>>

很多应试者喜欢从网上找话题材料做准备，网络上确实有许多范文，但是这些材料大同小异，难保其他人不会和你选用同一篇文章。强记网上现成的文章除了会出现雷同之外，还会出现上文中提到的背稿现象。其实最好的说话方法是现身说法，并且说自己亲身经历的事不容易忘词，更能做到自然流畅地说话。例如，“难忘的旅行”这个话题，说说自己去过的旅游景点，说说在旅行途中看到的风景、发生的事情，遇到的人。

五、多用口语，多用短句 >>>>>>>>>>>>>>>>>>>>>>>>

命题说话的测试重点在于测查应试者的普通话水平，而不是考查应试者的写作水平，不需要用华丽的辞藻展示文采。过于文绉绉的说话内容不仅拗口，而且不符合命题说话的口语化的考试要求，影响自然流畅度的得分。所以，我们要尽量使用口语化的句子，不要因为首尾呼应或者主题升华等因素，而给自己增加说话的难度。我们在内容上降低难度，可以把更多的注意力分配到对语音的关注上。

为了体现口语的特点，说话时要多选用短句和散句。短句表意灵活、简洁明快、节奏感强。如“我面前走来一个高个子、长头发、瓜子脸、身穿白色连衣裙、手上捧着几本书的阳光女孩。”可以改成短句“我面前走来一个阳光女孩，她高个子，长头发，瓜子脸，身上穿着白色连衣裙，手上还捧着几本书。”散句自由灵活，富于变化，有交流感。再比如，“爸爸今年 45 岁，妈妈今年 43 岁，我今年 16 岁。”可以说成“爸爸今年 45 岁，我妈妈呢，她比我爸小两岁，今年 43 岁，你要问我多大了，我今年刚好 16 岁。”

命题说话是测语音，不是考语文，因此应使用通俗的语言来表达。

六、思路清晰，符合逻辑

语句流畅与否很大程度上取决于思维是否清晰，因此说话前，要先厘清思路、心里有一个讲话提纲，避免出现各种思维障碍造成语流中断。考试时，应试者选择好话题后，要充分利用考前时间，理顺说话思路：先说什么，后说什么，各部分之间怎么连接。

命题说话要尽量做到条理清晰、符合逻辑，但是又不可能像写文章一样在谋篇布局上深思熟虑，长时间推敲。所以只要注意整体的完整性和层次性即可，其细节内容可以根据具体情况随机应变，不必拘束呆板，否则会影响说话的流畅度，甚至导致应试者因局促不安而思路混乱。如“我喜爱的文学(或其他)艺术形式”这个话题，可以按照“是什么，为什么，怎么样”的逻辑顺序来说，也可以按照“过去喜欢的，现在喜欢的，将来有可能喜欢的”的时间顺序来说，还可以按照“喜欢的第一个艺术形式(是什么，为什么，怎么样)，喜欢的第二个艺术形式(是什么，为什么，怎么样)，喜欢的第三个艺术形式(是什么，为什么，怎么样)”的综合顺序来说。

学习笔记

做中学

1. 模拟普通话水平测试的考试，从 30 个话题中随机抽取两个话题，然后选择其中一个进行 3 分钟的说话练习。

2. 说说你在第 1 题模拟说话考试中的体会。

3. 向同学介绍自己的朋友，注意与听众的眼神交流，时间不少于 3 分钟；请同学指出你 3 分钟说话的不足之处，并加以改正。

4. 把下面的长句改成较短的句子，然后口头说一说。比较哪种句式在口语表达中更清楚。

(1)这位辛勤工作很多年的老师教育经验很丰富。

(2)苏州城里，有不少这样长长的、瘦瘦的、曲曲又弯弯的，石子铺的，经夜雨洒过，阵雨洗过，光滑闪亮的别致的小街小巷。

(3)在牧场上，我们经常可以看到一个骑着枣红马，穿着蓝色蒙古袍，腰间系着豆绿腰带，身上背着红十字药箱的知识青年。

拓展练习

1. 看图说话(见图 5-4-1)，通过想象补充细节，使故事更加丰富完整(注意表达规范)。

图 5-4-1 春

2. 向同学介绍最近的一则新闻，并表达自己的观点。注意条理清晰，表达规范。

3. 阅读下列文字，说说你的理解与感悟。

一只乌鸦在飞行的途中碰到回家的鸽子。

鸽子问：你要飞到哪儿?

乌鸦说：其实我不想走，但大家都嫌我的叫声不好听，所以我想离开。

鸽子告诉乌鸦：别白费力气了。如果你不改变你的声音，飞到哪里都不会受欢迎的。

【提示】如果你希望一切都能变得像你想象的那样美好，就必须从改变自己开始。

4. 修改故事语言，使之符合日常普通话口语的表达习惯。

猜猜我有多爱你

小兔子该上床睡觉了，可是它紧紧地抓住兔妈妈的耳朵不放，它要肯定兔妈妈在听它说话。

“猜猜我有多爱你?”小兔子问。“哦，我大概猜不着。”兔妈妈笑笑说。“我爱你这么多。”小兔子说。它张开两只手臂，伸得尽可能远。可兔妈妈的手臂更长，“我爱你有这么多。”兔妈妈说。小兔子动动右耳，心想：嗯，这真的很多。“我爱你，就像我手举得这么高，高得不能再高，”小兔子又说。“我爱你，也像我举得这么高。”兔妈妈说。小兔子想，这真是够高的，要是我的手臂也那么长就好了。“我爱你，像我跳得那么高!”小兔子说。小兔子不停地向上蹦。兔妈妈笑笑，她轻轻地往上一跳，耳朵都碰到树枝了。“我爱你，像我跳得这么高。”“她跳得真高，她的耳朵都碰到树枝了。”小兔子想，“希望我也能跳得那么高。”“我爱你像这条小路伸到小河那么远。”小兔子叫喊起来。“我爱你远到跨过小河再越过山丘。”兔妈妈说。小兔子看看远处的天空，它心想，那真的很远。它揉揉红红的两眼，开始困了，觉得再也没有任何东西比天空更远的了。兔妈妈轻轻抱起频频打着呵欠的小兔子，小兔子轻轻闭上了眼睛，在进入梦乡之前，喃喃地说：“我爱你一直远到月亮那里。”兔妈妈说：“哦，那真是很远，非常非常远。”

她把小兔子放到用树叶堆起来的床上，低下头来亲吻小兔子，对它说晚安。然后它躺在小兔子的身边，带着微笑轻声地说："我爱你，一直远到月亮那里，再从月亮绕回到这里来。"

（据英国的山姆·麦克布雷尼图画故事整理）

【提示】由于这是一篇翻译故事，在语言上有不符合我们日常口语表达习惯的地方，应将幼儿不易理解的书面长句子改成短句，将幼儿不容易理解的较难的词语换成浅显易懂的词语，把不符合幼儿思维认知习惯的语序调整过来，甚至可以根据需要添加词语或句子，使故事更加生动形象。

专题六
普通话水平测试

学习目标

- 了解普通话水平测试。
- 了解普通话测试试卷构成和评分。
- 了解普通话水平测试机测流程以及注意事项。
- 熟悉测试中的各项评标准。

学习导航

- 专题六 普通话水平测试
  - 普通话水平测试内容及等级评定
    - 普通话水平测试试卷构成和评分等级评定
    - 普通话水平模拟测试卷及分析
  - 普通话机考流程
    - 普通话计算机测试示例

国家推广全国通用普通话。掌握和使用普通话，是各行各业人员，特别是教师、播音员、节目主持人、演员和国家公务员等专业人员必备的职业素质。因此，有必要在一定范围内对某些岗位的人员进行普通话水平测试，并实行持等级证书上岗的制度。所以对于应试者来说，应该了解普通话水平测试的基本情况，提升普通话水平。

学习主题一 普通话水平测试内容及等级评定

扫码看视频

学习笔记

情境案例

小木和小俞是同校不同专业的好朋友，两人均报名了普通话水平测试。由于小木声音好听，平时普通话又标准，所以她对于这次考试充满了信心，也没有做相应准备。与小木不同的是，小俞是个不擅表达的女孩子，而且自身语音面貌并不是很好。于是在备考期间，她仔细研读了考试各项目的评分规则，而后又对自身问题展开了针对训练。结果考试成绩出来了，小俞比小木高了一个等级，小木十分不解……

普通话水平测试是考查应试者普通话语音综合情况的测试，所以对于应试者来说，了解普通话测试的各个部分的测试内容，清楚各部分的评分标准是十分有必要的。充分认识普通话测试测卷不仅有助于应试者提高普通话水平，更有益于提高普通话水平测试成绩。

一、普通话水平测试试卷构成和评分 >>>>>>>>>>

试卷包括 4 个部分，满分为 100 分。

（一）读单音节字词

目的：考查应试者声母、韵母、声调的发音。

评分：此项成绩共 10 分。读错一个字的声母、韵母或声调扣 0.1 分。读音有缺陷每个字扣 0.05 分。一个字允许读两遍，即应试者发觉第一次读音有口误时可以改读，按第二次读音评判。

限时：3.5 分钟。超时 1 分钟以内扣 0.5 分，1 分钟（含 1 分钟）以上扣 1 分。

（二）读多音节词语

目的：除考查应试者声母、韵母和声调的发音外，还要考查上声变调、儿化韵和轻声的读音。

评分：此项成绩共 20 分。读错一个音节的声母、韵母或声调扣 0.2 分。读音有明显缺陷每次扣 0.1 分。

限时：2.5 分钟。超时 1 分钟扣 0.5 分，1 分钟以上(含 1 分钟)扣 1 分。

注：读音有缺陷只在读单音节字词和读双音节词语两项记评。读音有缺陷在单音节字词中主要指声母的发音部位不准确，但还不是把普通话的某一类声母读成另一类声母，如舌面前音 j、q、x 读得太接近 z、c、s；或者把普通话里的某一类声母的正确发音部位用较接近的部位代替，如把舌面前音 j、q、x 读成舌叶音；或者读翘舌音声母时舌尖接触或接近上腭的位置过于靠后或靠前，但还没有完全错读为舌尖前音等；韵母读音的缺陷多表现为合口呼、撮口呼的韵母圆唇度明显不够，语感差；或者开口呼的韵母开口度明显不够，听感性质明显不符；或者复韵母舌位动程明显不够等；声调调形、调势基本正确，但调值明显偏低或偏高，特别是四声的相对高点或低点明显不一致的，判为声调读音缺陷。一般这类缺陷是成系统的，每个声调按 5 个单音错误扣分。单音节字词和多音节词语两项都有同样问题的，两项分别扣分。

学习笔记

（三）朗读短文

目的：考查应试者用普通话朗读书面材料的水平，重点考查语音、连读音变(上声、“一”、“不”)、停连、语调以及流畅程度等项目。

评分：此项成绩共 30 分。对每篇材料的前 400 字(不包括标点)做累积计算，每次语音错误扣 0.1 分，漏读一个字扣 0.1 分，声母或韵母的系统性语音缺陷，视程度扣 0.5 分、1 分；语调偏误、停连不当或朗读不流畅(包括回读)，视程度各扣 0.5 分、1 分、2 分。

限时：4 分钟，超时扣 1 分。

（四）命题说话

目的：考查应试者在没有文字凭借的情况下，说普通话的能力和所能达到的规范程度。应试者根据抽签确定的话题，说 3 分钟(不得少于 3 分钟)。

评分：此项成绩占总分的 40%，即 40 分。

语音标准程度，共 20 分。分六档：

一档：语音标准，或极少有失误。扣 0 分、0.5 分、1 分。

二档：语音错误在 10 次以下，有方音但不明显。扣 1.5 分、2 分。

三档：语音错误在 10 次以下，但方音比较明显；或语音错误在 10～15 次，有方音但不明显。扣 3 分、4 分。

学习笔记

四档：语音错误在10～15次，方音比较明显。扣5分、6分。

五档：语音错误超过15次，方音明显。扣7分、8分、9分。

六档：语音错误多，方音重。扣10分、11分、12分。

词汇语法规范程度，共5分。分三档：

一档：词汇、语法合乎规范。扣0分。

二档：词汇、语法偶有不规范的情况。扣0.5分、1分。

三档：词汇、语法屡有不规范的情况。扣2分、3分。

自然流畅程度，共5分。分三档：

一档：语言自然流畅。扣0分。

二档：语言基本流畅，口语化较差，有背稿子的表现。扣0.5分、1分。

三档：语言不连贯，语调生硬。扣2分、3分。

说话不足3分钟，酌情扣分：缺时0～1分钟(含1分钟)，扣1分、2分、3分；缺时1分钟以上，扣4分、5分、6分；说话不满30秒(含30秒)，本项测试成绩计为0分。

二、等级评定

国家语言文字工作部门发布的《普通话水平测试等级标准》是确定应试者普通话水平等级的依据。测试机构根据应试者的测试成绩确定其普通话水平等级，由省、自治区、直辖市以上语言文字工作部门颁发相应的普通话水平测试等级证书。

普通话水平划分为3个级别，每个级别内划分2个等次。其中：

97分及其以上，为一级甲等；

92分及其以上但不足97分，为一级乙等；

87分及其以上但不足92分，为二级甲等；

80分及其以上但不足87分，为二级乙等；

70分及其以上但不足80分，为三级甲等；

60分及其以上但不足70分，为三级乙等。

三、普通话水平模拟试卷及分析

(一)读单音节字词(100个音节，共10分，限时3.5分钟)

哲	洽	许	滕	缓	昂	翻	容	选	闻
悦	围	波	信	铭	欧	测	敷	闰	巢

续表

字	披	翁	辆	申	按	捐	旗	黑	咬
瞥	贺	失	广	晒	兵	卦	拔	君	仍
胸	撞	非	眸	葬	昭	览	脱	嫩	所
德	柳	砚	甩	豹	壤	凑	坑	绞	崔
我	初	蔽	匀	铝	枪	柴	搭	穷	董
池	款	杂	此	艘	粉	阔	您	镁	帘
械	搞	堤	捡	魂	躺	瘸	蛀	游	蠢
固	浓	钾	酸	莫	捧	队	要	踹	儿

学习笔记

注意事项：

第一，读的时候按从左到右的顺序横读。注意不要出现漏读，串行的情况。

第二，第一题限时 3.5 分钟，这个时间是非常充裕的。所以为了保证每个字的准确性，应试者语速不宜过快，同时字与字之间要有一定停歇，一般 1.5 秒一个字为宜(包含字与字的间隙停顿时间)。

第三，如果遇到字不会读的情况，可以跳过，按错误读音处理。也可以根据经验猜测读音。

第四，在第一项测试中，应试者往往只注重声母、韵母的部分而忽略字的声调，导致因为调值不准而被扣分的情况。所以在第一项测试中应试者可以借助声调“手势法”确保调值的标准。

（二）读多音节词语（100 个音节，共 20 分，限时 2.5 分钟）

国王	今日	虐待	花瓶儿	难怪	产品	掉头
遭受	露馅儿	人群	压力	材料	窘迫	亏损
翱翔	永远	一辈子	佛典	沙尘	存在	请求
累赘	发愣	外面	酒盅儿	似乎	怎么	赔偿
勘察	妨碍	辨别	调整	少女	做活儿	完全
霓虹灯	疯狂	从而	入学	夸奖	回去	篡夺
秧歌	夏季	钢铁	通讯	敏感	不速之客	

注意事项：

第一，读的时候按从左到右的顺序横读。注意不要出现漏读、串行的情况。

第二，第二题限时 2.5 分钟，这个时间同样比较充裕。所以为了保证每个字的准确性，应试者语速不宜过快，同时词与词之间要有一定停歇，一般 1.5 秒到 2 秒一个词为宜(包含词与词的间隙停顿时间)。

第三，如果遇到词不会读的情况，要视具体情况及时调整。如果词中存在会读的字，一定要读出来，不能整体跳过；如果词中所有字都不会读，可以跳过，按错误读音处理，也可以根据经验猜测一个读音。

学习笔记

第四，在第二项测试当中，往往会设置不少于三个的轻声词语，以及不少于四个的儿化韵词语。这里注意轻声词不按轻声处理会视为错误，重·次轻格式的词轻声或非轻声处理都可以，非轻声词语按轻声处理会视为错误。儿化韵在词中的表现为最后一个字是“儿”字，应试者要整体读出儿化音，不能拆字而读。

（三）朗读短文（400 个音节，共 30 分，限时 4 分钟）

在达瑞八岁的时候，有一天他想去看电影。因为没有钱，他想是向爸妈要钱，还是自己挣钱。最后他选择了后者。他自己调制了一种汽水，向过路的行人出售。可那时正是寒冷的冬天，没有人买，只有两个人例外——他的爸爸和妈妈。他偶然有一个和非常成功的商人谈话的机会。当他对商人讲述了自己的“破产史”后，商人给了他两个重要的建议：一是尝试为别人解决一个难题；二是把精力集中在你知道的、你会的和你拥有的东西上。

这两个建议很关键。因为对于一个八岁的孩子而言，他不会做的事情很多。于是他穿过大街小巷，不停地思考：人们会有什么难题，他又如何利用这个机会？

一天，吃早饭时父亲让达瑞去取报纸。美国的送报员总是把报纸从花园篱笆的一个特制的管子里塞进来。假如你想穿着睡衣舒舒服服地吃早饭和看报纸，就必须离开温暖的房间，冒着寒风，到花园去取。虽然路短，但十分麻烦。

当达瑞为父亲取报纸的时候，一个主意诞生了。当天他就按响邻居的门铃，对他们说，每个月只需付给他一美元，他就每天早上把报纸塞到他们的房门底下。大多数人都同意了，很快他有……

（选自《普通话水平测试实施纲要作品》4 号《达瑞的故事》）

注意事项：

第一，注意将句子中的字词读准，但也要注意语流音变。

第二，注意朗读的流畅程度以及完整程度。根据评分标准，漏读、增读、回读都会相应扣分。因此，在朗读时应试者一定不要出现这类情况，如果遇到读错的字词，不要更改，不然会二次扣分。但如果遇到读串行的情况，一定要及时返回，把损失降到最小。

第三，不要把朗读当作朗诵来处理。

第四，外国人名，要按汉字来念，不能学习译制片的配音效果。

（四）命题说话（请在下列话题中任选一个，共40分，限时3分钟）

①我喜爱的职业　　　　②购物（消费）的感受

注意事项

第一，发音准确，注意语流音变。由于即兴说话是无稿讲话，最容易将应试者的语音面貌“打回原形”，所以应试者在说话时要时刻注意发音，避免出错，不要有方言色彩。

第二，说话要尽可能流畅。说话的难度其实不高，第四项测试之所以让很多应试者感到头疼，大多源于应试者的紧张程度。所以应试者不要有过多的心理负担，说话不等于口头作文，不用反复斟酌语句，要注意逻辑的清晰，说话过程的流畅。

第三，避免语法错误。说话不同于作文，但又与平时的泛泛而谈不同，要注意说话的规范性。如将“他头痛”说成“他脑壳痛”，“我叫不出他的名字”说成“我喊不出他的名字”等。

第四，不要把说话当作演讲和朗诵处理，也不能为了保证发音，一个字一个词地说话。说话太过夸张就会在自然流畅度上扣分。

参考例文：购物（消费）的感受

我抽到的话题是购物消费的感受，说到购物和消费，我觉得在如今的社会中，人只要活着就离不开消费。我们的衣食住行甚至吃喝拉撒都离不开消费。可以说，消费存在于我们生活的方方面面。如果要说消费的感受，我自己把消费的感受归纳为两种：好和不好。好的感受是一些消费可以产生足够的幸福感，满足感，可以让我们感觉身心愉悦；当然不好的感受也有很多，包括不满、生气、失落、失望等。

我觉得好的消费感受大多是因为我们很喜爱这些物品。我们花钱购买喜爱的物品时，内心自然会有一种愉悦感。喜欢鲜花的人购买鲜花会觉得赏心悦目，不喜欢鲜花的人会觉得是浪费。喜欢甜品的人购买蛋糕、面包、奶油会觉得满足，不喜欢甜品的人觉得这只会让人长胖，变得不健康。喜欢阅读纸质书的人购买纸质书会有一种充实感，不喜欢阅读纸质书的人会觉得是累赘。那对于我来说，我是一个爱美的女孩，我就特别喜欢买一些漂亮衣服，如果每个季节都能买到几身漂亮合身的衣服，我会非常开心。但如果买来的衣服不合心意或者质量堪忧，我就会非常难过，这也是消费带给大家的另一个感受，是不好的感受。

我觉得不好的消费感受通常是环境、服务、口感、物品的满意度造

学习笔记

成的。现如今电子商务盛行后，我们的消费模式变得更加多样化。我们在网上消费时会优先关注其他顾客对这家店的商品的综合评价，售前售后服务等。但这都是经过第三方数据资料比对出来的，不好的感受往往会在收到实物时才可能发生。在实体店消费则能更直观地感受好与不好。

学习笔记

当然，好与不好的消费感受和消费的场所也有很大关系。在娱乐场所消费叫找乐子，基本都是愉悦的，而在医院消费往往都是心有不甘。总的来说人们是离不开消费的，社会的进步和发展也要民众的消费来带动，对于我们来说也应该做到适度消费、合理消费，在满足自身需求或者愉悦身心的同时，也要尽可能地不攀比不盲从，将我们中华民族的优良传统发扬下去，这样不仅对自己有益，也对社会有益。这就是我的话题，谢谢。

做中学

完成下列字词训练，发准音节和音变。

1. 单音节练习

名　品　孙　沸　诸　褐　船　翁　槐　旋　材　森　霞　蜕　女
存　耳　嘹　颇　六　鹃　恬　抠　陈　香　袄　吃　蝶　偏　叶
桑　岳　摔　泳　憋　其　返　椿　奈　菌　瞄　久　活　钦　谭
苇　辙　锹　绕　假　惕　驱　鼻　锥　跨　江　耘　凶　寓　拧
滑　葬　砂　漠　荣　愕　死　酪　蠕　血　冯　唾　埂　驳　爽
佩　肯　冻　疤　攒　档　篮　美　寨　青　缓　沃　藻　擦　症
守　沟　视　锚　闯　瓷　惯　碘　您

2. 多音节词语练习

雅趣　素养　光辉　灭亡　乳母　悬念　防止　奇怪　女儿
瓦匠　衰弱　草包　饲料　接待　参军　夏令　瓜分　服务员
里程　拨款　干活　培训　用心　凶狂　旦角儿　春天　护士
迫切　地球　争论　难受　最后　拔尖儿　矮小　明白　热流
责备　团长　农学　平稳　赠送　口哨儿　公元　头发　传说
莫非　无线电　若无其事

拓展练习

小组合作训练下列话题并进行个人展示。

1. 谈谈学习普通话的体会。

2. 难忘的旅行。

3. 谈谈科技发展与社会生活。

学习主题二
普通话机考流程

情境案例

应试者陈晨是在校学生，经过几个学期的普通话学习，她已经达到了较高的普通话水平。前不久，她报名参加了普通话水平测试，可最终成绩却十分不理想。于是她当即联系了普通话测试中心，请求成绩核查。

经过核查，陈晨的问题出在第四项命题说话上。原来陈晨在进行到第四项测试时，由于页面出现了两个话题，她认为计算机会在自己说出所选话题后进行页面跳转，开始正式测试，所以停留了长达一分钟的时间。这一分钟的时间空余导致额外扣分。

现如今，计算机辅助测试已经普及，成为普通话水平测试的一种常用方式之一，但由于应试者对于计算机测试了解不足，常常会犯一些不必要的错误。因此应试者应该详细了解计算机测试的各项要求，避免失分。

扫码看视频

一、普通话计算机测试示例 >>>>>>>>>>>>>>>>>>>>>>

（一）应试者的准备程序

第一步：应试者持有效身份证件按顺序进入准备教室，听工作人员指挥，接受考前简要培训。

第二步：根据现场工作人员引导，进入备测室进行人脸核对并打印准考证。准考证包含个人考试信息以及考试第三项短文朗读题目和第四项命题说话（说话题二选一），准备 10 分钟。

第三步：根据现场工作人员引导，离开备测室进入测试机房准备测试，测试前应试者需关闭携带的手机等通信、电子设备，不得将其余资料带入考场。

学习笔记

（二）考试过程的应试程序

第一步：进入测试室开始测试，首先按正确方式佩戴好耳机（话筒在耳机一侧，并调整话筒至距离嘴部 2～3 厘米的位置，避免话筒与面部接触，测试时请不要触摸话筒），然后点击“下一步”，如图 6-2-1 所示。

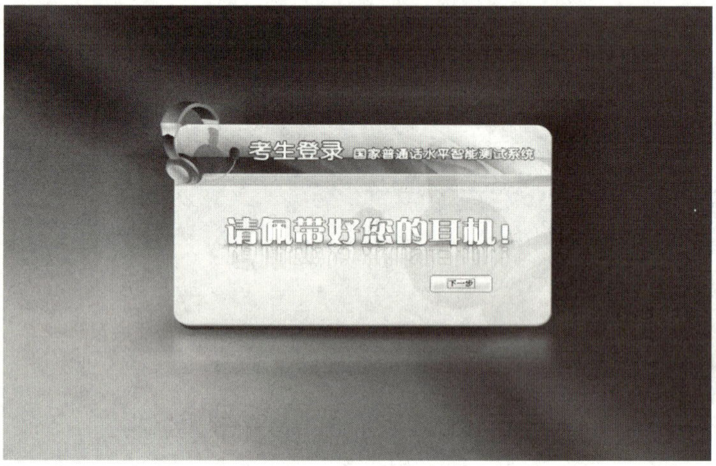

图 6-2-1　第一步

第二步：应试者根据计算机提示，输入准考证号的后 4 位数字，输入完成，请点击“进入”按钮，如图 6-2-2 所示。

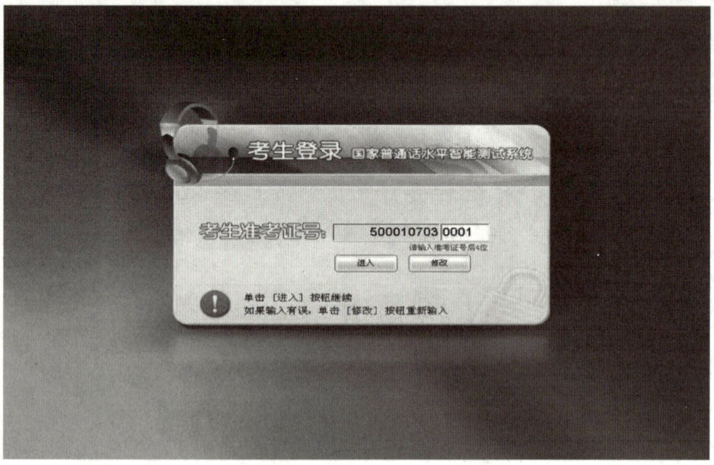

图 6-2-2　第二步

第三步：仔细核对个人信息。如信息无误，单击“确认”按钮继续。如准考证号有误，请单击“返回”按钮重新登录。如其他信息有误，请在考试结束后与监考老师联系更改，如图 6-2-3 所示。

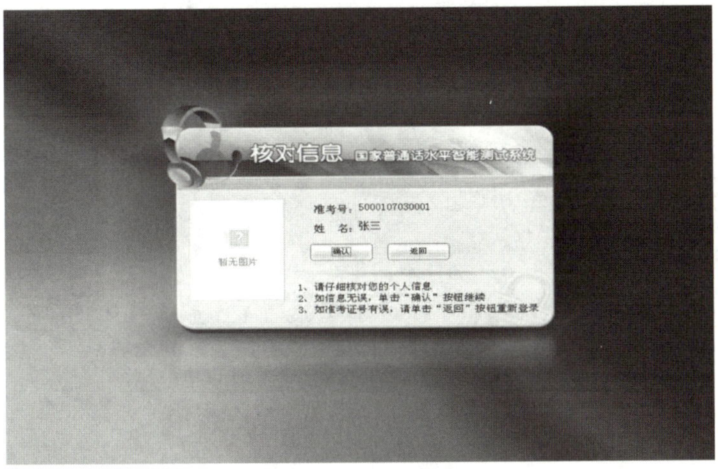

图 6-2-3　第三步

第四步：试音，按照系统提示试音，要求声音清晰、较为洪亮、表达流畅、语速稍快，如图 6-2-4 所示。

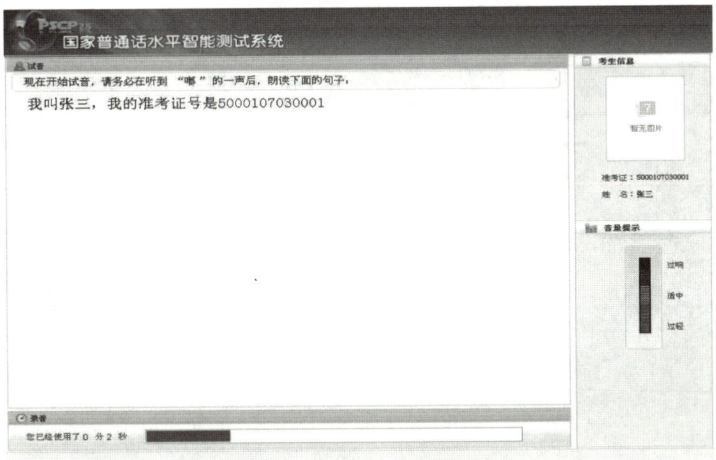

图 6-2-4　第四步

第五步：第一题读单音节字词，应试者根据语音提示开始考试，注意所有的试题都是从左向右横向阅读。每一题的界面下方都有时间提示，应试者要在规定的时间内完成每题的内容。第一题考完，应试者无须等待，直接点击“下一题”，进入第二题测试，如图 6-2-5 所示。（第一题限时 3.5 分钟）

第六步：应试者根据语音提示开始考试，第二题考完，应试者无须等待，直接点击“下一题”进入第三题测试，如图 6-2-6 所示。（第二题限时 2.5 分钟，注意第二题中的轻声词语和儿化音）

学习笔记

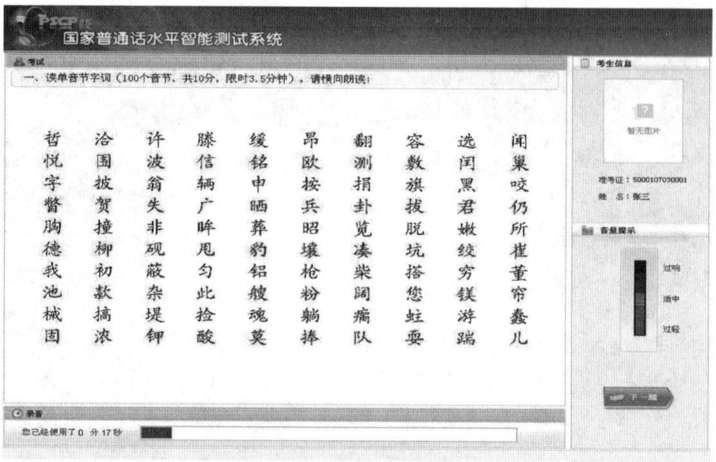

图 6-2-5　第五步

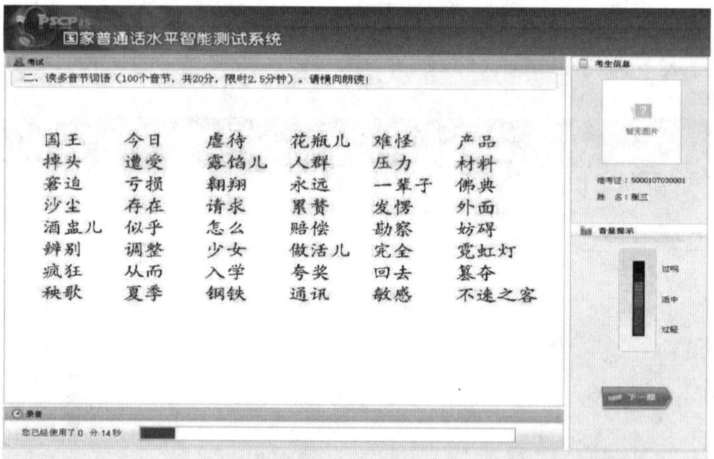

图 6-2-6　第六步

第七步：应试者根据语音提示开始考试，第三题考完，应试者无须等待，直接点击“下一题”进入第四题测试，如图 6-2-7 所示。（第三题限时 3 分钟）

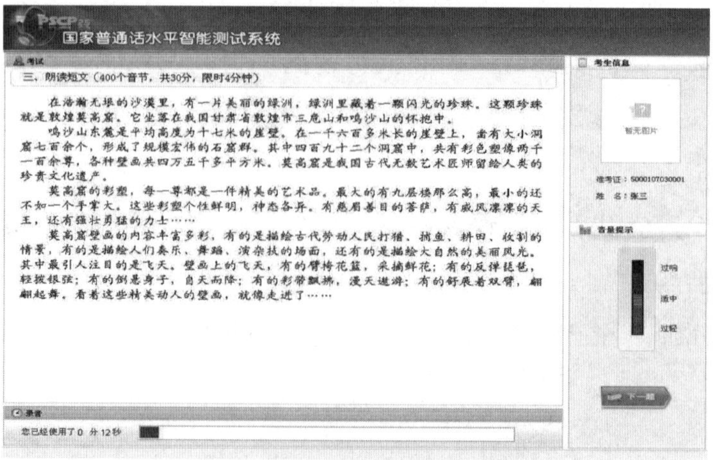

图 6-2-7　第七步

学习笔记

第八步：应试者根据语音提示开始考试，说出选择的话题即可开始讲话，无须等待。第四题说话过程中不要出现长时间的间断，必须说满3分钟，才能点击“确定”按钮结束考试，如图6-2-8所示。

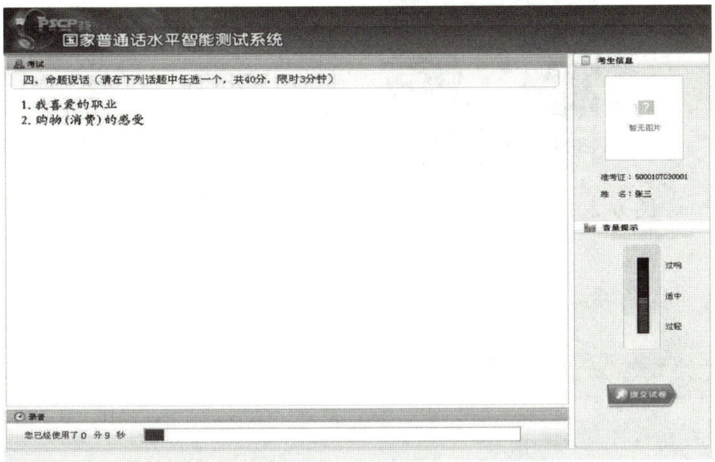

图 6-2-8　第八步

第九步：第四题命题说话满3分钟后，考试结束，系统会弹出“恭喜您考试成功，请摘下麦克风，轻松离开考场”，如图6-2-9所示。

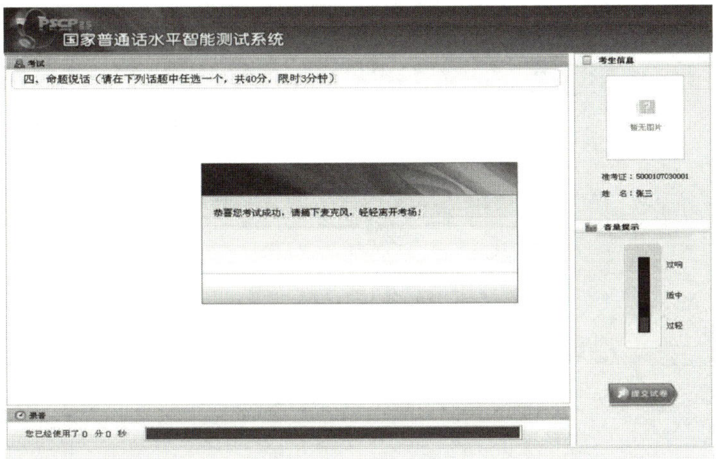

图 6-2-9　第九步

做中学

熟悉普通话水平测试的形式，和班级同学分享自己对于普通话水平机测的感受和体会。

学习笔记

拓展练习

登录畅言网 App 进行模拟测试(如图 6-2-10 所示)。

图 6-2-10　畅言普通话 APP

专题七
认识儿童故事

>> 学习目标

- 了解儿童故事及其特征，说出儿童故事的类别。
- 正确解读故事文本，并能对故事的语言、情节等进行合理加工。
- 自然灵活地运用态势语，讲故事时仪态大方得体。
- 讲故事时，声情并茂，富有表现力。

>> 学习导航

- 专题七 认识儿童故事
  - 儿童故事及特征
    - 什么是儿童故事
    - 儿童故事的特征
  - 儿童故事的类别
    - 神话、民间故事
    - 寓言故事
    - 童话故事
    - 儿童生活故事
  - 儿童故事的改编
    - 书面语改口语
    - 增加人物台词
    - 调整情节

故事是儿童的好伙伴，也是儿童接触最早、最多的文学形式之一。好的故事，有助于帮助儿童认识世界，增长见识，开发思维，开阔视野，使儿童获得精神上的愉悦。由于儿童故事的情节生动、语言活泼，容易被儿童感知和吸收，尤其在低龄教育过程中，讲故事是寓教于乐的有效手段。要讲好故事，首先要认识和了解儿童故事。

学习主题一 儿童故事及特征

情境案例

猴王吃西瓜

猴王找到了一个大西瓜，可是，怎么吃呢？这个猴王啊，从来也没有吃过西瓜。忽然，他想出了一条妙计，于是，把所有的猴都招集来了。

他清了清嗓子："今天，我找到了一个大西瓜。至于这西瓜的吃法嘛，我当然……当然是知道的。不过，我要考验一下大伙的智慧，看看谁能说出这西瓜的吃法。如果说对了，我可以多赏他一块。如果说错了，我可要惩罚他！"

大伙你看看我，我看看你，谁也没有吃过西瓜。

小毛猴眨巴眨巴眼睛，挠了挠腮说："我知道，吃西瓜是吃瓤！"

"不对！小毛猴说得不对！"秃尾巴猴跳了起来："我小时候跟我妈去姥姥家，吃过甜瓜，吃甜瓜就是吃皮。我想，这甜瓜也是瓜，西瓜也是瓜，吃西瓜嘛，当然也是吃皮咯。"

这时候，大伙争执起来，有的说："吃西瓜吃皮！"有的说："吃西瓜吃瓤！"可争了半天，也没争出个结果，于是都不由得把目光集中到一只老猴的身上……

这老猴认为出头露面的机会来了，他捋了捋胡子，清了一下嗓子说："这吃西瓜嘛，当然……当然是吃皮咯。我从小就爱吃西瓜，而且……而且一直都是吃皮的。我想，我之所以老而不死，就是因为吃了这西瓜皮的缘故……"

大伙都欢呼起来："对！吃西瓜吃皮！""吃西瓜吃皮！"……

猴王认为找到了正确答案，他站起身来，上前一步，开言道："对！大伙说得对！吃西瓜是吃皮。哼！就小毛猴崽子一个人说吃西瓜吃瓤，那就让他一个人吃吧！咱们大伙，都吃西瓜皮！"

西瓜一刀两半，小毛猴吃瓤。大伙共分西瓜皮……

有个猴吃了两口，就捅了捅旁边的猴说："哎，我说这可不是滋味啊！"

"咳，老弟，我常吃西瓜，西瓜嘛，就是这味……"

看完这个故事后，请同学们思考：什么是儿童故事？它有哪些特征？

一、什么是儿童故事

故事是通过生动、曲折、完整的情节，通俗形象的语言来反映社会生活的口头文学。它是在民间的口头创作中孕育、发展起来的，有着悠久的历史。故事是叙事性文学体裁，以叙述事件为主，注重运用叙事技巧，情节生动连贯，适合口头讲述。也有人认为，故事并非一种文体，而是一种文化，是通过叙述的方式讲出带有寓意的事件，而故事里的事件可能是真实的，也可能是虚构的。

儿童故事是指具有故事基本特征，内容简单、篇幅短小、与儿童的接受能力相适应、供儿童阅读或聆听的叙事性文学作品。儿童故事或取材于儿童的家庭生活、学校生活和社会生活，或取材于自然界的万物景象(特别是动物世界)，或取材于古往今来的种种事件。故事讲述是对儿童进行教育教学的极好形式，同时也是儿童学习语言、培养语感的重要方式。

与其他文学形式相比，儿童故事更受儿童的喜爱，听故事时儿童的注意力相对集中。与小说相比，虽然儿童故事刻画人物形象和描绘环境氛围较少，但曲折的情节、口语化的语言、紧凑的叙述节奏等比小说更吸引儿童。与戏剧相比，儿童故事不受时间和空间的限制，可以随时随地讲述。对儿童来说，儿童故事是最受欢迎的一种文体，讲故事也是成人与儿童之间交流感情的重要方式。

学习笔记

二、儿童故事的特征

（一）线索清晰、结构完整

儿童的逻辑思维不够发达，思维能力尚处于发展阶段，把握事物内在结构的能力较弱。儿童故事顺应他们的思维特征，叙述时只围绕一个中心，不求细节的详尽描述，少有成段的议论和心理描写，环境描写也十分简洁，且多用顺叙的手法，有开端、发展、高潮和结局。儿童求全心理十分突出，他们在听故事时总希望了解事情发生、发展的全过程，刚听开头就盼望知道结果，儿童故事情节的完整性满足了儿童这方面的要求。儿童故事线索单一，脉络清晰，顺叙展开，首尾贯通，符合儿童的阅读心理。

（二）情节新奇，曲折生动

由于儿童的特殊心理特征，儿童故事需要以动人心弦的情节吸引他们。情节进展应快速，要在单纯中求曲折，在简单中有反复。既有贯穿首尾的情节主线，从头到尾都能抓住儿童的眼球；又有散落在段落中的小高潮，不断给儿童带来审美愉悦。此外，儿童在阅读时，往往带有迫切的心理期待，他们急于知道故事的结局，但又不愿马上知道结局而结束享受故事的过程，这种矛盾的审美取向使得他们对那些富有悬念、一波三折的故事报以极大的兴趣和热情。

学习笔记

（三）趣味性

趣味性是指故事情节必须有使儿童读者感到愉悦的审美特征，要有吸引力和感染力。儿童的注意力容易分散和转移，平淡无奇的故事很难把他们带进作品的情境，只有童趣盎然的故事才能激发儿童的兴趣和热情。

儿童故事的趣味性来自生活中能够使儿童心领神会的、饶有风趣的、足以引起儿童幽默感和会心微笑的事件；来自作家对讽刺、幽默、拟人、对比、反复、夸张、诙谐等艺术手法的灵活运用，尤其是夸张手法被大量运用于情节中。我国儿童故事作家陈伯吹曾说，趣味是儿童故事的基础。好的故事应当有浓郁的儿童趣味性，让孩子们听过以后能发出愉快的笑声。

如《公主怎么挖鼻屎》，这是一个让人忍俊不禁的故事，故事的主人公幽默顽皮，让孩子哈哈大笑的同时，又让他们在不知不觉中习得良好的卫生习惯。

（四）口语化

口语化的特点是由儿童的年龄特点以及他们接受文学作品的方式决定的。儿童故事以讲述形式传达给儿童听众，所以儿童故事的突出语言特点就是口语化，即通俗、明快。儿童故事的语言少用长句、书面语和抽象词语，多用短句、具体动词、象声词、语气词、叠音词等，这构成了儿童故事叙述性语言的基本特征。

（五）现实性

儿童故事一般选用幼儿所熟悉的社会生活题材，其蕴含的主题鲜明而浅显，符合幼儿的理解水平。儿童对世界充满好奇，有着强烈的求知欲，他们通过儿童故事了解和认知周围的世界。儿童故事的题材取自幼儿现实生活，人物形象具有儿童特征，或直接以幼儿为主人公或以拟人化的手法间接反映幼儿生活。如因爱听好话而上当受骗的乌鸦、爱吃甜食却不愿意刷牙的小熊、喜欢坐大人椅子而摔跤的琪琪、为了帮助伙伴而被马蜂蜇哭了的小勇等。

做中学

1. 归纳总结：什么是儿童故事？

2. 具体说一说儿童故事有哪些特征。

3. 说一说《要你赔》的故事特点以及它的表达目的，然后试着跟同学讲一讲这个故事，看看你的讲述目的表达清楚了吗？

学习笔记

要你赔

拉紧绳子，他们在拔河——大象后面是白马，白马后面是黄牛，黄牛后面是黑驴。

劲用的可大了，“蹦！”绳子拉断了！大家都跌倒了。

大象把白马弄脏了，白马对大象说：“要你赔！”

白马把黄牛踢痛了，黄牛对白马说：“要你赔！”

黄牛蹭掉了黑驴的几根毛。黑驴对黄牛说：“要你赔！”

怎么赔呢？

大象对白马说：“你也把脚上的烂泥抹到我身上吧。”

白马对黄牛说：“你也踢我一下吧。”

黄牛对黑驴说：“你也来蹭我的毛吧！要是蹭不下来，我自己拔几根给你。”

这时候，大家听到黑驴脚边有个小小的声音说：“我找谁赔呢？”

一看，是个蜗牛，他的壳被碰破了一块。

黑驴赶紧对蜗牛说：“我碰了你，是因为黄牛先碰了我。”

接着，黄牛又怪白马，白马又怪大象，大象又怪那根绳子。

蜗牛叹口气，说：“不用怪他怪你了，反正谁也赔不了我的损失。我的屋子是没办法修补的，雨会滴滴答答漏进来，一辈子都是这样了。”

蜗牛慢慢爬开去。

大象、白马、黄牛和黑驴站在那儿，一句话都说不出来。

拓展练习

把《老虎拔牙》这个故事讲给小朋友听。

老虎拔牙

美丽的森林里，住着许许多多的小动物。有一天，森林里来了一只大老虎，尖尖的牙齿，锋利的爪子，它还要吃小动物呢。小动物们都非常害怕。

小猴说：“嗬，比柱子还粗的树，大老虎只要用它的尖牙一啃，咔嚓就断，真吓人哪！”

小兔子说："大老虎嚼起铁棍子来，就跟吃面条一样……"说着说着它就害怕地缩起了脑袋。

可小狐狸说："你们都怕大老虎的牙齿，我就不怕！我还要把它的牙齿全部拔掉呢！"

"吹牛！吹牛！"小猴和小兔都在笑话小狐狸。

"不信，你们瞧吧！"说完，小狐狸摇着尾巴走了。

它还真的去找大老虎了，它带了一大包礼物："啊，尊敬的大王，听说你吃肉吃腻了，瞧，今天我给你带来了世界上最好吃的东西——糖。"

糖是什么？大老虎从来没尝过。它接过一粒奶糖就往嘴里塞，哎呀，哎呀，真是太好吃了。于是大老虎就命令小狐狸以后每天都要送来一包糖。

第二天，小狐狸又送去了糖，第三天、第四天、第五天……大老虎吃了一包又一包的糖，连睡觉的时候，嘴里还含着糖呢。

这时，大老虎的好朋友狮子来劝它说："老弟哎，糖吃多了，又不刷牙，牙齿会坏掉的。小狐狸最狡猾，你可别上它的当呀。"

"嗯。"大老虎答应着，正要刷牙，小狐狸来了："啊，你把牙齿上的糖全刷掉了，多可惜呀。"

"可是我听狮子说，糖吃多了会坏牙的。"

"哎呀，别人的牙怕糖，你大老虎的牙这么厉害，铁条都能咬断，还怕糖吗！"

"对，对，对，小狐狸说得对！我以后不刷牙了，我要天天吃糖，我的牙不怕糖！"

就这样，大老虎每天都要吃很多的糖。"我是一只大老虎，咿呀咿呀喂，我吃糖从来不刷牙，咿呀咿呀哦。"终于有一天，大老虎捂着嘴巴叫了起来，"啊哦，我的牙痛，谁来帮帮我啊，啊啊噢，痛死了！"

大老虎来到医院，它对马大夫说："快，快把我的痛牙拔掉吧。"马大夫怎么敢拔大老虎的牙呢，吓得连门也不敢开。

大老虎又去找牛大夫，谁知道牛大夫早就跑掉了。

哎呀，大老虎的脸肿起来了，痛得它直叫："谁把我的牙拔掉我就让它做大王！"

这时，小狐狸穿了白大褂来了，笑眯眯地说："我来给你拔牙，好吧？"

"啊——，谢谢，啊——，谢谢。"老虎捂着嘴巴说。

小狐狸一看大老虎的嘴巴就叫了起来："哎哟，不得了啦，你的牙全得拔掉！"

"啊？""唉，只要不痛，拔……就拔吧……全部拔掉吧"于是，小狐狸开始拔牙了。嗨哟，嗨哟，狐狸拔了一颗又一颗……最后，小狐狸把大老虎的牙齿都拔完了。

哈哈，这只没有牙齿的大老虎成了瘪嘴老虎啦！它还用漏风的声音，对小狐狸说："对，还是你最好，送给我糖吃，还替我拔牙，谢谢，谢谢！"

大老虎的牙齿都拔完了，再也不能吃小动物了，小动物们也不再害怕老虎了。它们在美丽的森林里快乐地生活着。

学习主题二
儿童故事的类别

情境案例

每年农历五月初五，是中国民间的传统节日——端午节，为了弘扬中华优秀传统文化，幼儿园举办了“喜迎佳节，国学文化在我心——讲故事大赛”。要求参赛者讲述符合主题的儿童故事。得知比赛消息后，小班学生妞妞的家长马上为孩子报了名。比赛当天，妞妞为全园的小朋友讲述了《三只小猪》的故事，现场效果非常理想，她所讲述的故事也受到了其他同学的一致好评。可最后却出乎意料地只得到了参与奖，你知道其中的问题吗？

学习笔记

儿童故事作为最受幼儿喜欢的文字形式，其典型的人物形象塑造，生动的故事讲述，让幼儿为之所吸引，使他们增长了知识，发展了智力，并从中受到感染和教育，懂得什么是真善美，什么是假丑恶，从而培养爱憎分明的情感，并把学到的好思想见诸行动。

儿童故事从内容划分，可分为神话、民间故事、寓言、童话、儿童生活故事等。

一、神话、民间故事 >>>>>>>>>>>>>>>>>>>>>>>>>>>>>>

神话、民间故事属于民间文学的范畴，其特点在于大胆的幻想、神奇的情节。我国有代表性的神话故事有《女娲补天》《夸父逐日》《嫦娥奔月》等。

女娲补天

我国古史神话传说中，有一位女神，她叫女娲。女娲是一位善良的神，她为人类做过许多好事，还给人类造了一种叫笙簧的乐器。而使人们最为感动的，是女娲补天的故事。

传说当人类繁衍起来后，忽然水神共工和火神祝融打起仗来，他们从天上一直打到地下，闹得四处不宁，结果祝融打胜了，但败了的共工不服，一怒之下，把头撞向不周山。不周山崩裂了，支撑天地之间的大柱断折了，天倒下了半边，出现了一个大窟窿，地也陷成一道道大裂纹，山林烧起了大火，洪水从地底下喷涌出来，龙蛇猛兽也出来吞食人类。人类面临着空前的大灾难。

女娲目睹人类遭到如此奇祸，感到无比痛心，于是决心补天，以终止这场灾难。她选用各种各样的五色石子，架起火将它们熔化成浆，用这种石浆将天窟窿填好，随后又斩下一只大龟的四脚，当作四根柱子把倒塌的半边天支起来。女娲还擒杀了残害人民的黑龙，刹住了龙蛇的嚣张气焰。最后为了堵住洪水不再漫流，女娲还收集了大量芦草，把它们烧成灰，埋塞向四处铺开的洪流。

学习笔记

经过女娲一番辛劳整治，总算苍天补上了，大地填平了，洪水止住了，龙蛇猛兽敛迹了，人们又重新过上安乐的生活。但是这场特大的灾祸毕竟留下了痕迹。从此，天还是有些向西北倾斜，因此太阳、月亮和众星辰都很自然地归向西方，又因为地向东南倾斜，所以一切江河都往那里汇流。

二、寓言故事 >>>>>>>>>>>>>>>>>>>>>>>>>>>>>>>>>>>>>>>

寓言故事是含有讽喻或明显教育意义的故事，是文学体裁的一种。它的结构简单，多用借喻手法，使富有教育意义的主题或深刻的道理在简单的故事中体现。经典的寓言故事有《揠苗助长》《守株待兔》《农夫与蛇》等。

农夫与蛇

在一个寒冷的冬天，赶集完回家的农夫在路边发现了一条冻僵了的蛇。他很可怜这条蛇，就把它放在怀里。当他身上的热气把蛇温暖以后，蛇很快苏醒了，露出了残忍的本性，给了农夫致命的伤害——咬了农夫一口。农夫临死之前说："我竟然救了一条可怜的毒蛇，就应该受到这种报应啊！"

三、童话故事 >>>>>>>>>>>>>>>>>>>>>>>>>>>>>>>>>>>>>>>

童话故事是儿童文学的重要体裁，是一种具有浓厚幻想色彩的虚构故事，多采用夸张、拟人、象征等表现手法编织奇异的情节。如《灰姑娘》《白雪公主与七个小矮人》《小红帽》等。

小红帽(节选)

从前有个可爱的小姑娘，有一次，奶奶送给她一顶小红帽，戴在她的头上很漂亮。从此，大家都叫她小红帽。

一天早上，妈妈对小红帽说："来，小红帽，这里有一块蛋糕和一瓶酒，奶奶生病了，快给奶奶送去，在路上要好好走，不要跑，也不要离开大路，不然你会摔跤的，到奶奶家的时候，别忘了说'早上好'。"小红帽对妈妈说："我会小心的，我去看奶奶啦！"说完小红帽就开心地走了。

小红帽刚走进森林就碰到一只狼。小红帽不知道狼是坏人，所以一点也不怕它。狼说："你好，小红帽！"小红帽说："你好，狼先生。""小红帽，这么早要到哪里去呀？"小红帽说："我要到奶奶家去。奶奶病了，我给她带了蛋糕和酒。"狼问："你奶奶住在哪里呀，小红帽？"小红帽说："在森林里，她的房子就在三棵大树下，你一定知道的。"狼在想："这个小孩白白的，味道肯定比那老太婆要好。我要把她们两个都吃掉。"于是它对小红帽说："小红帽，你看周围这些花多么美丽啊，应该采点给你的奶奶，她一定会很开心的。"小红帽想："是啊，这些花这么漂亮，我该采一把鲜花给奶奶，她一定会很高兴的。"于是她离开大道，走进林子去采花。

这时候，狼跑到奶奶家，敲了敲门。奶奶问："是谁呀？"狼捏着鼻子说："我是小红帽。我给您送蛋糕和酒来了，快开门啊。"奶奶大声说："哦，是我可爱的小红帽啊，你拉一下门就行了，门没有关，我身上没有力气，起不来。"狼拉开门走了进来，他冲到奶奶床前，把她吞进了肚子。然后他穿上奶奶的衣服，戴上她的帽子，躺在床上，还拉上了帘子。

学习笔记

四、儿童生活故事

儿童生活故事是儿童写实性故事，它取材于儿童的现实生活，借助故事引导儿童分辨是非，领悟正确的思想和行为。如《挑食的聪聪》《挑食的聪聪》《救小鸟》《邋遢大王》等。

挑食的聪聪

聪聪是幼儿园中班的小朋友。爱说爱笑、活泼可爱的他，总是能吸引大家的目光。可是聪明能干的聪聪有个坏毛病，那就是挑食。每到吃饭的时候，他便噘起小嘴说："这个青菜我不想吃，这种豆子我不爱吃，这个长得像毛毛虫，我不敢吃呀……"所以聪聪总是长不高，而且最近聪聪经常身体不舒服。

这天，聪聪刚躺在床上没多久，就看见了一群又黑、又瘦、又丑的小人把自己抬到了一个满是鲜花的地方。这里很漂亮，有各种各样的鲜花，五彩缤纷，争相开放，聪聪被这样的魅力景色吸引住了。正当他陶醉在这美景中的时候，又有一些长得很奇怪的小人来到他的面前，他们个个都像生了病一样，有的很小很瘦，有的很矮很胖，有的头发白白的，脸上没有血色，个个都没精神，说话也没力气。聪聪正奇怪的时候，只见一个老一点的小人走过来说："小朋友不要怕，这里是挑食王国，只要是挑食的人都会被送到这里来，看来你也是挑食的小朋友呀。"

聪聪这才发现自己也变得了又矮又瘦、浑身都没有力气的小人了。

“唔……不要，我不要成为这种挑食的小人，我要变成原来的我，我再也不挑食了，我要吃蔬菜，快放我回去吧！”聪聪急得快哭了出来……

正在这个时候，一双手把聪聪轻轻拍醒，他不再哭喊了，原来他是在做梦，是妈妈把他叫醒了。从这以后，聪聪再也不挑食了，学着吃各种各样的蔬菜了，现在的聪聪聪明能干而且身体健康，成为全班小朋友学习的好榜样。

做中学

1. 总结儿童故事各个类型的特点。
2. 熟读《挑食的聪聪》，在全班进行故事讲述。
3. 简要分享自己熟悉的各类儿童故事内容。

拓展练习

1. 小组合作，收集不少于三篇不同类型的儿童故事。

2. 小组合作，收集亲情类、社交类、成长类、励志类、知识类、友情类、行为习惯类题材的儿童故事各一篇。

3. 小组合作，选取一篇儿童故事分配角色并进行团队讲演。

学习主题三 儿童故事的改编

情境案例

丽丽是学前教育专业的学生，暑假期间，她找到了一家托管机构进行社会实践。上班第一天，她精心准备了几篇故事，准备讲给班里的幼儿听。丽丽本以为可以通过故事拉近自己和幼儿之间的距离，可是当她讲完了故事，却发现他们各个“无动于衷”，并没有期待中的效果。于是她请教了带班老师……

经过带班老师的讲解，丽丽找了答案。原来她准备的故事比较长，语句大多比较复杂，对于小班幼儿来说很难理解，所以导致大多数幼儿根本没有听懂，这也就是效果不佳的原因了。

不管从类型还是题材来讲，儿童故事都是极为丰富的。因为幼儿所属年龄段不同，理解和接受能力也大不相同，一些故事并不适合全年龄段的幼儿阅读。所以在讲故事时根据受众的不同对故事文本进行相应改编就变得非常重要了。

讲儿童故事不是背故事，要在熟悉故事的基础上对原故事做必要的处理：或调整情节，或增加台词，或将书面语改为口语等，使语言变得浅显、生动、活泼，宜于幼儿接受。

学习笔记

一、书面语改口语 >>>>>>>>>>>>>>>>>>>>>>>>>>>>>>>>

一些儿童故事在创作之初并未充分考虑受众的年龄段，导致部分书面语过于繁杂不便理解。所以在故事创编过程中应结合所授幼儿的实际情况进行调整，例如，《猴吃西瓜》的片段“猴王找到了一个大西瓜，可是怎么吃呢？这个猴王从来没有吃过西瓜，忽然他想出了一条妙计，于是就把所有的猴都召集来”。这句话中“妙计”“召集”两个词语对于低龄幼儿来说有些难度，因此就可以改为“猴王找到了一个大西瓜，可是怎么吃呢？这个猴王从来没有吃过西瓜，忽然他想出了一个办法，于是就把所有的猴都叫过来”。

二、增加人物台词 >>>>>>>>>>>>>>>>>>>>>>>>>>>>>>>>

儿童故事的结构无外乎是叙述性语言加人物语言，两类语言对于故事承接的意义都非常重要。但在讲故事中，有些人物的语言比较简略，这势必会影响受众对于人物的理解，所以为了加深角色印象，提高生动性，可以适当地填写人物语言。如《白云枕头》的片段“胖小猪本来一挨上枕头就会呼噜呼噜睡着的，可是今天却翻来覆去总睡不着，数到一百还是睡不着”这句话是纯叙述语言的表达，可以添加一些人物台词丰富画面。可以改为“胖小猪本来一挨上枕头就会呼噜呼噜睡着的，可是今天却翻来覆去总睡不着，‘97，98，99，100，哎呀，怎么就是睡不着，好难受啊！’他数到 100 还是睡不着。”

三、调整情节 >>>>>>>>>>>>>>>>>>>>>>>>>>>>>>>>>>>>

儿童故事讲究精致与细致，这就意味着儿童故事并非越详细越好，也不是越精简越出色。所以在面对一些故事情节结构失衡的情况时，要敢于对语句进行增减。如《胆小先生》的片段“很快，地下室住满了老鼠。‘不行不行’大老鼠冲着胆小先生嚷嚷，‘这么多老鼠住小小的地下室而你一个人住那么多房间太不合理了，得换房子！’”这段话讲的是不满足地下室生活的老鼠找到胆小先生要求换房子。其内容省去了老鼠从地下室出来找胆小先生的情节，在面对低龄幼儿时可以将这类情况补全：“很快，地下室住满了老鼠。老鼠们觉得地下室又黑又脏又旧，开始讨厌起了地下室，于是大老鼠气呼呼地冲到胆小先生的房子前，咚咚咚，咚咚咚地敲着房门。‘出来出来，你快出来！’大老鼠冲着胆小先生嚷嚷，‘这么多老鼠住小小的地下室而你一个人住那么多房间太不合理了，得换房子！’”

学习笔记

做中学

一、阅读下面的故事，尝试进行改编

西瓜房子（节选）

一只小老鼠在路边拾到一个西瓜，他在西瓜上咬了两个洞，一个做门，一个做窗户，小老鼠便把它当作房子。饿了，就吃甜甜的西瓜瓤；困了，就在里面美美地睡一觉。

一只小刺猬走来了，他看见路边这个大西瓜，背起来就走。走着走着，把正在里面睡觉的小老鼠摇醒了。小老鼠觉得房子在动，一下跳出来，看见刺猬正背着他的房子走路，就嚷嚷：“嘿，你为什么背我的房子？”小刺猬吓了一跳，才知道这西瓜是小老鼠的房子，急忙对小老鼠说：“真对不起，我不知道这是您的房子。”小老鼠说：“看，你给房子捅了多少窟窿！”小刺猬说：“我实在是不知道，我赔您房子吧！”

一会儿，小刺猬果然又滚过来一个西瓜，还给了小老鼠。小老鼠又得意扬扬地住进了新西瓜房子。

七彩虾（节选）

虾公公很舒服地躺在小青鱼的背上。他又看见了蓝蓝的天，绿绿的草。“那是什么？”虾公公惊叫起来，“哦，一条好大好大的虾呀，还是七彩的呢。”“嘻，您老眼花了。”小青鱼乐了，“那是彩虹。不过，长得还真有点像您。”“不，就是虾。”虾公公的犟脾气上来了，“我还想和他聊聊天呢。”虾公公甩开小青鱼，独自往前游，慌得小青鱼忙托着他。可是，虾公公再抬头时，“七彩虾”不见了。

“他也嫌我老啊！”虾公公很伤心，闷闷地回到河底。虾公公的身体更坏了，可嘴里却一直念叨着“七彩虾”——那位可爱的朋友。小青鱼好着急。他找每一位朋友，要他们帮忙找出七彩的丝线，然后，一圈圈地缠到自己身上。嘿，小青鱼变成七彩虾。小青鱼慢慢地游到虾公公身边，弯起身子和虾公公热情地打招呼。“噢，是七彩虾！”虾公公可高兴了，“我一直想着您呢。”

二、说说下列故事改编是否得当，如果不得当请思考后改正。

1. 原文：丑小花叫醒了牡丹花。牡丹花说：“不开不开，明天比美的时候我才开。”丑小花叫醒了玫瑰花。玫瑰花也说：“不开不开，比美的时候我才开。”

修改：丑小花叫醒了牡丹花。“牡丹花姐姐牡丹花姐姐，你能开一次花吗?”牡丹花说：“不开不开，明天比美的时候我才开，不要打扰我睡觉！走开!”丑小花叫醒了玫瑰花。“玫瑰花姐姐玫瑰花姐姐，你能开一次花吗?”玫瑰花也说：“啊！是天亮了吗？我这就开……什么！还是晚上你就叫我醒来！讨厌，走开!”

2. 原文：“不行，你的刺是保护你的，你们生来就有，不然受到攻击会没命的。”小鹿姐姐心平气和地说。“我不听，你胡言乱语，我福大命大，连大灰狼都会保护我的。”小鹿姐姐只好把刺猬姑娘的刺给烫平了。

修改：“不行，你的刺是保护你的，你们生来就有，不然受到攻击会没命的。”小鹿姐姐心平气和地说。“你一定是嫉妒我的绝世容颜，你这个坏家伙，快给我烫平了，哼!”小鹿姐姐只好把刺猬姑娘的刺给烫平了。

3. 原文：方脸老公公喜欢方东西。他坐，要坐方凳子；喝酒要用方杯子；就连走路也要走四方步。圆脸老婆婆喜欢圆东西。她吃饭，要用圆桌；梳头，要照圆镜；睡觉的时候不用枕头，枕一个大南瓜。

修改：方脸老公公喜欢方东西，无论什么东西只要是方的他都会喜欢；圆脸老婆婆喜欢圆东西，无论什么东西只要是圆的她都会喜欢。

4. 原文：火车高兴了，大声吼叫着飞驶过来：“呜——你们好，我是火车!”声音比几百只狮子吼叫还要厉害，动物们吓得捂住耳朵四散跑走了。火车生气了！

修改：火车高兴了，大声吼叫着飞驶过来：“呜——你们好，我是火车!”声音比几百只狮子吼叫还要厉害。小兔：“天哪，这是什么东西好可怕!”小羊：“快跑啊快跑啊，怪物来了!”动物们吓得捂住耳朵四散跑走了，火车生气了！

学习笔记

拓展练习

1. 小组推选改编故事大王，在全班分享自己的改编技巧并进行改编技术交流会。

2. 自我创编故事，根据以下关键词，自行选择 3 个关键词进行 400 字左右的故事创编。

降落伞、小老鼠、教科书、台阶、电池、嘿嘿、咔嚓、木柴、小花籽、电脑、着凉、麦克风、兴高采烈、难过、脏水、大胡子、淅淅沥沥

专题八
讲故事技巧

>> 学习目标

• 了解态势语的基本内涵、功能和类型，通过分解训练形成语言能力。

• 掌握故事中叙述语言及人物语言的处理。

• 运用讲故事的方法和技巧，绘声绘色地讲故事。

>> 学习导航

- 专题八 讲故事技巧
  - 叙述语言及人物语言的处理
    - 叙述语言，“话”的技巧
    - 人物语言，“表”的技巧
  - 讲故事的态势语
    - 何为态势语
    - 态势语的表现形式
    - 态势语的运用技能

学会讲故事在当下的社会中显得非常重要，无论是在工作，还是沟通，还是理解某一件事情方面。对于教师而言，它更是一项必不可缺的技能。不过，给幼儿讲好故事可不是那么简单，无论是故事的选择还是讲故事的方式都需要注意技巧。它要求教师能够运用儿童化语言和态势语言，充分突出故事中不同角色的性格特点，进行故事讲演。接下来，就让我们一起去看看怎样才能讲出精彩的故事吧！

学习主题一
叙述语言及人物语言的处理

扫码看视频

学习笔记

情境案例

在一次课前3分钟的讲故事展示环节中，萌萌很认真地完成了故事片段的讲述任务，赢得了同学们热烈的掌声。她在讲述中都运用了什么技巧才能得到同学们的肯定呢？我们一起去看看吧。

原来萌萌把自己对角色的理解，用语音、语调的变化，速度的控制等技巧来处理故事，将故事中的角色扮演得很到位。那么我们要如何将这样的技巧运用到讲故事中去呢？让我们一起开启本次任务的学习之旅吧！

在讲故事中，作者要注意叙述语言与人物语言的处理，即“话”与“表”的处理。它们是讲故事的主要手段，要注意两者之间的转换。

叙述语言，即“话”，是指讲故事者直接叙述，说明故事的情节和内容。既要体现讲故事者作为旁观者的客观性，声音平稳、自然，又要体现讲故事者的感情、语气、节奏、语速等随着情节的发展而起伏变化。也就是说，叙述语言要根据内容、风格的不同，运用相应的语气。

人物语言，即“表”，是指讲故事者对故事中人物的语言、手势、眼神以及思想感情的表达，换言之，就是表演。讲故事者根据故事角色的分配，做到声如其人，运用恰当的语气、语调进行模仿，并将声音做适当的夸张处理。

一、叙述语言，“话”的技巧 >>>>>>>>>>>>>>>>>>>>>

（一）用口语化的方式讲述

讲故事一定要在对文本非常熟练的基础上进行口语化处理。想一想，我们跟亲人、朋友，特别是幼儿园的小朋友交谈时所用的语气，一般都是用词通俗易懂，语气诚恳亲切。讲故事的开场语应该使用亲切的口语。如果教师面对的对象是幼儿，我们就要采用儿童化的口语来讲述，这样的方式才符合幼儿的心理特点、幼儿的语言习惯。如可以采用谈话引入，“小朋友们，你们平时爱不爱听故事呢？”“爱听。”“好，那我今天就给大家讲个故事，故事的名字就叫《咕咚来了》。”另外，可以多用短句，如“森林里，住着马妈妈和一匹小马。有一天，马妈妈对小马说……”

（二）语气、语调富于变化

有的人在讲故事时，语气、语调处理不当，让人总觉得哪些地方不对劲儿。其实要叙述好故事情节，不但要做到口语化，让听者觉得亲切自然，还要注意语气、语调的变化，这样才能使故事情节生动有趣。

如“那鸭蛋像姑娘的脸蛋”这个句子，讲述时就不能平平淡淡，语速均匀，轻重一致，句调没有升降变化，更不能把轻声词“脸蛋”的“蛋”字念得太清晰响亮。正确的处理应该是：将“那鸭蛋”的“蛋”字延长，并在后面加一个语气词“呀”，“脸蛋”采用轻声念法，“姑娘”这个词念得较重；语速上，“像姑娘的脸蛋”较“那鸭蛋呀”稍快。这样念出来的句子就显得起伏有致，自然也就生动活泼了。

在叙述过程中要根据句意联系上下文，处理好语气的轻重、快慢、升降等。比如，需要强调的字词读重一些；根据语气处理，有些标点符号可以忽略；表示紧张刺激的场面，语速可以随情绪加快；表现难过、思考等情绪，语速则可以放慢；表现惊疑的语气或反问句，句调要高一点，紧接着高调后面往往都要把句调降低一些。

所以，要善于运用语调、停连、重音、语速等技巧；语调要有抑扬顿挫的变化，节奏要鲜明，快慢要适宜。

学习笔记

二、人物语言，“表”的技巧 >>>>>>>>>>>>>>>>>>>>>>

（一）找准人物个性，设计恰当“音腔”

故事中人物的性格总是很鲜明的。在故事讲述中这些鲜明的性格必须通过人物的语言、表情及肢体动作进行表达。讲故事的人要根据人物的年龄、性别、性格、职业等要素，为人物设计适合的发音腔调，幼儿能够通过分辨“音腔”将故事中的人物区别开。比如，用声音的粗细区分大人和小孩、男人和女人，用声音的强弱区分健康人和病弱人，用不同的语调区分正面和反面人物，用不同的语气表达人物的不同情绪。

总之，模拟人物个性时要跳出自己的个性，一人饰多角，不能怕出丑。只有这样，幼儿才能在故事中感受人物的不同。如《鸭妈妈找蛋》中，鸭妈妈、母鸡、羊大叔、牛大伯它们的特点都不相同：鸭妈妈大大咧咧、马大哈，母鸡亲切、稳重，羊大叔老而瘦弱，牛大伯强壮而有力。根据这些特点，我们可以对各个人物说话的声音做如下处理：鸭妈妈，声音尖、细、较快，着重表现大大咧咧、急匆匆的性格；母鸡，声音中、平、稍慢，着重表现其稳重、亲切、和蔼的性格；羊大叔，声音粗、慢、无力，着重表现其老而无奈的性格；牛大伯，声音粗、重、有力，着重表现其强壮有力、任劳任怨的性格。

学习笔记

（二）模拟各种声音，恰当运用口技

对自然声响的模拟，如风雨声、流水声、脚步声、撞击声、敲门声、射击声、风吹树叶的沙沙声等，虽不用像真正的口技艺人那样表演得惟妙惟肖，但还是可以将环境特点鲜明地表现出来。这样有助于渲染环境气氛，增强故事的真实性和形象性。

模拟动物发出的声音，首先应消除怕出丑的心理，这样才能收放自如，达到逼真的效果，给人以如临其境、如闻其声的感觉。其次要注意观察体会，细心琢磨。如羊的叫声尖细发颤；公鸡打鸣嘹亮；母鸡的咕嗒声中，“嗒”音拖得较长；狗的叫声短促而尖锐；牛的叫声低沉而浑厚。这些只要认真练习，细心体会就能完成。这样的“表”可以在讲故事时增加故事的真实性和感染力。

做中学

【练习一】

请同学们模拟下列动物叫声：

公鸡、母鸡、牛、羊、小猫、小猪、小狗、青蛙、老虎等

【练习二】

请同学们分组改编下面的情景，并进行演绎：

“今天天气真好啊，我要出去走走。哎呀，公交车来了，我得走快点。”边走边喊：“师傅，师傅，别关门，等等我！等等我！”走着走着，扑通一声，“哎哟，是谁啊，好好的香蕉不吃，怎么丢在路上啊！救命啊，救命啊，痛死我了！”

要求：

(1)以 17 岁女孩的角色特征演绎。

(2)以 70 岁老奶奶的角色特征演绎。

(3)以 10 岁调皮小男孩的角色特征演绎。

【练习三】

分析故事《小土坑》的人物性格及语言特点，并填表。

小土坑

下雨了，下雨了，公鸡、母鸡回来了。淅沥淅沥，小土坑里积水了。

扫码听音频

雨停了，雨停了，太阳公公露出了笑脸，公鸡、母鸡出来找小虫子吃了，大肥猪出来散步了，小山羊、老黄牛也出来吃草了。

母鸡走到土坑边，往里一瞧，里面有只母鸡：“哎呀，不好了！一只母鸡掉土坑里去了。咕咕哒……”母鸡赶快跑去告诉公鸡，叫公鸡来救土坑里的母鸡。

公鸡走来一瞧，土坑里哪有母鸡呀，看到的是一只公鸡：“哎呀，不好了！一只公鸡掉土坑里去了。”公鸡赶快跑去告诉小山羊，叫小山羊来救土坑里的公鸡。

小山羊走来一瞧，土坑里哪有公鸡呀，只见一只小山羊：“咩……哎呀，不好了！一只小山羊掉进土坑里去了。咩……”小山羊赶紧跑去告诉大肥猪，叫大肥猪来救土坑里的小山羊。

大肥猪走来一瞧，土坑里哪里有小山羊呀，只看见一只大肥猪：“哼……哎呀，不好了！一只大肥猪掉土坑里去了。哼哼哼……”大肥猪赶紧跑去告诉老黄牛，叫老黄牛来救土坑里的大肥猪。

老黄牛走来一瞧，土坑里哪里有大肥猪呀，只看见一头老黄牛：“哎呀，不好了！一头老黄牛掉土坑里去了。大家快来救救它，哞哞哞……”

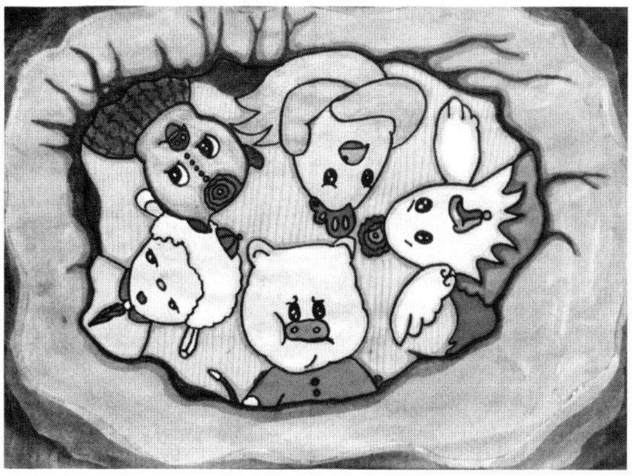

图 8-1-1　小土坑

大伙都来了，往土坑里一瞧，不得了，土坑里有一头老黄牛、一头大肥猪、一只小山羊、一只公鸡，还有一只母鸡，那么多动物一齐掉到了一个小小的土坑里去了。大家真着急，东奔西跑，去找朋友们一起来救它们。

后来，土坑里的水渐渐渗进泥土里，又渐渐被太阳晒干了。这时候，老黄牛、大肥猪、小山羊、公鸡、母鸡把它们的朋友都请来了。

它们再往土坑里一瞧，什么也没有呀！母鸡说：“一定是它们自己爬出土坑了！”

表 8-1-1 《小土坑》分析表

故事名称：《小土坑》			
序号	人物	性格	语言特点
1	母鸡		
2	公鸡		
3	小山羊		
4	大肥猪		
5	老黄牛		

【练习四】

根据讲故事的要求，请一名学生试讲故事《小土坑》。学生之间互讲故事，互相评价。

备注：用多节课反复练习讲故事，学生互评，教师点评。

拓展练习

每名同学任选一个幼儿小故事，分析故事中人物的性格及音色特点，然后根据分析进行故事表演，并在故事会活动中进行展示。

表 8-1-2 小故事分析表

故事名称：________			
序号	人物	性格	语言特点
1			
2			
3			
4			
5			
6			
7			

小猴卖“O”

小猴是儿童百货的售货员，他很会动脑筋。

一天，来了几个伙伴，手里都拿着一张报纸，纸上画着一个“O”。咦，这“O”是什么意思？小猴摸摸脑袋，有办法了！

他问小鸭：“你买圆圈圈干什么呀？”“我用它学游泳。”“知道了。”小猴拿了一个“O”给小鸭，小鸭高兴地走了。

扫码听音频

“你呢，小猫，为什么买圆圈圈？”小猫说：“喵！我想用它照着洗脸、梳头。”“噢！知道了。”小猴拿了个“O”卖给小猫，小猫照了照，满意地走了。

“小狗，你买圆圈圈有什么用？”小狗举着铁钩子说“我就缺个圆圈圈啦！”小猴很快把一个“O”卖给了小狗。

“小老虎，你也要买圆圈圈吗？”“是呀，你瞧，我新球鞋也有了，正等着圆圈圈踢呢！”小猴拿出了一个“O”丢给了小老虎，小老虎高兴地付了钱。

最后轮到小兔，小兔说：“妈妈讲，明天早上让我用圆圈圈当早点。”“噢，是这样。”小猴用干净的口袋，装了几块“O”递给小兔，小兔也高兴地回家了。

图 8-1-2　小猴卖“O”

五个小伙伴都买到了自己需要的“O”。你知道，他们的“O”各是什么东西？

方脸和圆脸

山脚下住着一户人家，家里有一位老公公和一位老婆婆。

老公公高高的个子，挺瘦，长着方脸盘儿。

老婆婆矮矮的个子，挺胖，长着圆脸蛋儿。

方脸老公公喜欢方东西：他坐，要坐方凳子；喝酒要用方杯子；就连走路也要走四方步。圆脸老婆婆喜欢圆东西：她吃饭，要用圆桌；梳头，要照圆镜；睡觉时也不用枕头，枕一个大南瓜。

扫码听音频

有一天，老两口吵了嘴，要分家。老公公说：“方东西是我的！”老婆婆说：“圆东西是我的！”“好，就这么定了，分吧！”老两口说。老公公站在院子里一瞅，说：“房子是方的，归我。”老婆婆说：“柱子是圆的，我得把屋拆咯……”老公公指着家具说：“桌子凳子是方的，归我。”老婆婆说：“钉子是圆的，我得把钉子给取下来……”

老两口分了一上午，越分越分不清楚。瞧吧：被子是方的，被子面上绣的花是圆的！菜刀是方的，刀柄是圆的！褂子是方的，袖筒是圆的！老两口再互相看了一眼，又发现：老公公的脸盘是方的，眼珠是圆的！老婆婆的脸蛋儿是圆的，两颗门牙是方的！

“哈哈！”老公公笑了。

“噗嗤！”老婆婆乐了。

老公公和老婆婆都说："不分啦！不分啦！"

现在，老公公和老婆婆还住在一起，他们越过越快活。

图 8-1-3 方脸和圆脸

琪琪家的椅子

琪琪家有许多椅子。那张躺椅是爷爷的，那张大木椅是爸爸的，那张沙发椅是妈妈的，嗯，还有一张小椅子，当然是琪琪的呀。

琪琪总是坐小椅子。她想，坐大椅子是不是很舒服呀？哎，一定是的，因为每天晚上，爸爸、妈妈和爷爷，总是笑眯眯地坐在自己的椅子上看电视。

扫码听音频

一天下午，爸爸妈妈上班去了，爷爷在屋里睡觉。琪琪想，现在没人，让我坐坐大椅子。

琪琪爬上爷爷的躺椅，哎呀！好像滑滑梯。一下子，琪琪滑了下来，一屁股坐到了地上。哎，爷爷的躺椅真不好。

琪琪又爬上爸爸的大木椅，哈，真大呀，琪琪伸伸脚，可以躺下啦。爸爸的椅子，像张大床，可以睡觉。"哈哈……"琪琪高兴地笑起来。琪琪想下来了，可是那么高，真让人害怕。

还有妈妈的沙发椅没去坐，琪琪走到沙发椅边，摸一摸，软软的。这张椅子坐起来一定很舒服。琪琪爬了上去。哎呀，琪琪的两只脚只能悬着。踩不着地，可难受了。

图 8-1-4 琪琪家的椅子

"还是我自己的椅子最舒服。"琪琪说，她又坐回到自己的小椅子上，不高也不低，不大也不小，正合适呢。

晚上，吃了晚饭，一家人又要看电视了。琪琪请爷爷坐躺椅，请爸爸坐大木椅，请妈妈坐沙发椅，自己坐小椅子。

"这样多好呀，大人坐大椅子，小孩坐小椅子，大家都舒服。"琪琪说。

爷爷、爸爸、妈妈都望着琪琪笑了。

音乐气垫火车

一列火车向树林驶去，轰隆，轰隆……

树林里的小动物们从来没见过火车，都惊叫起来：“哟，这么大的家伙呀！”

扫码听音频

火车高兴坏了，大声吼叫着飞驶过来：“呜——你们好，我是火车！”声音比几百只狮子吼叫还要厉害，动物们吓得捂住耳朵四散跑走了。火车生气了！“呜——呜——我是火车！你们为什么要跑？”动物们更害怕了，眨眼间就跑得无影无踪。从此，火车每次穿过树林，都看不见动物，它非常生气，越生气叫得越响：“呜——呜——我是火车！你们这些傻瓜！”

动物们更不敢露面。有一天，火车又发现：原来两边开满鲜花，现在也只剩下孤零零的几朵了。它不由得放慢速度。忽然，它听到花儿们在哭泣，也有在埋怨的，说什么“火车的声音太可怕了！又是轰隆轰隆，又是呜——”，“动物们有腿，逃掉了，可我们却逃不掉，只有枯萎。”

“哦！”火车明白了，动物逃跑，花儿枯萎，都是因为它发出的吼叫声。火车难受极了，它一路叹息着朝前方慢吞吞地驶去……

几年以后，设计师把这列火车改造成音乐气垫火车。这音乐气垫火车又新颖又漂亮。

图 8-1-5　音乐气垫火车

这天，音乐气垫火车愉快地穿过树林时，发出优美动听的音乐……

呀，多么美妙的音乐！各种各样的动物从很远很远的地方赶来了，他们快乐地在火车两旁边蹦跳边听音乐，就像在夹道欢迎远方来的贵宾。两旁的花儿也感动了，渐渐展开了笑脸。

火车高兴极了。它不再叹息，也不再大声吼叫了，它用优美的音乐一遍又一遍地告诉别人：火车来了，没有噪声的火车来了！

野猫的城市

森林里住着许多动物，它们都没有见过城市，很想知道城市是什么样的。

有一天，从城里来了一只野猫。动物们见了，一起围着问长问短，想请它们说说城里的事情。野猫可得意啦，它摇晃着脑袋，东瞧瞧，西看看，然后皱着眉头说：“城市太大了，我怎么能用嘴巴讲得清楚呢？”忽然，它拍拍脑门，“有了，让我来比画给你们看吧！”

扫码听音频

野猫先让斑马躺在草地上。它告诉动物们，城市有许多马路，人们过马路要踩着斑马线走。接着，它就带领所有的动物从斑马身上走了过去。斑马躺在地上觉得受不了，站起来踢踢脚，说：“看来城市是一个很疼的地方。”

野猫又叫小鹿驮着它，站到了花奶牛的身旁。它对动物们讲城市很大很大，有一种地图就像花奶牛身上的图案，这一块那一块表示不同的地方。野猫边说边用手指在花奶牛的身上画来画去。花奶牛忍不住呵呵地笑着躲开它，说：“看来城市是一个很痒的地方。”

野猫想了想，又拍拍脑门说："对了，城市还有一个很特别的地方，城市里的房子很高很高。"为了说明这点，它让大河马站在最底下，花奶牛站在大河马身上，小鹿站在花奶牛身上，小羊站在小鹿身上，小兔站在小羊身上，它自己站在小兔身上。大河马驮着这么重的东西，就咕哝着："看来城市是个很重很重的地方。"

野猫讲的城市没人要听了，森林里的动物都不喜欢野猫的城市。

有一天，一辆城里来的汽车开进了森林，车上下来了许多小朋友。动物们远远望着他们，都在想一件事："城市真的像野猫讲得那样吗?"

小朋友，如果你也从那辆汽车里走下来，你想对森林里的动物们说些什么？你说我们的城市是什么样的呢？

图 8-1-6 野猫的城市

学习主题二 讲故事的态势语

扫码看视频

情境案例

孟老师是小荧星幼儿园的一位实习老师，实习期马上结束了，孟老师需开设一门中班语言课向园所教师们汇报。但每次她给孩子们讲故事的时候，小朋友们总是不认真听，转来转去的，甚至有小朋友说她的故事讲得不好听，不生动。这可怎么办呢？怎样才能使小朋友们喜欢听她讲故事呢！

在儿童故事讲述中，除了言语的表达外，态势语的表现也是不容忽视的。态势语表达方面存在着以下问题：只用有声语言来表达作品，不顾体态语言；或态势语运用太少，往往伴随着肢体生硬，面部表情呆板、单调的情况；或随意做一些动作，没有顾及作品中的情感变化等。造成这种现象的原因主要有：平时缺乏专门态势语的训练；自信心不足，存在着害羞的心理，因而不好意思做或者怕做得不好，大家会笑话，索性不做。

针对以上问题，我们该如何做呢？

学习笔记

儿童故事讲述的基本语言有两种，即声音语言（又称有声语言）和态势语（又称无声语言）。其中声音语言传达基本的语言信息与基本的故事内容，而态势语传达故事中的情感和态度。一个形象、动听、富有感染力的故事，不仅得益于出色的有声语言，也必然伴随着和谐、得体且丰富的无声语言。学前教育专业的学生，不仅应具有标准的普通话、流畅的口语表述能力，还应该具有体态语言的运用能力，良好的体态语言有助于增强儿童故事的感染力。因此，学前教育专业的学生应充分认识态势语的重要性，只有恰当地运用态势语，才能提高学生讲述儿童故事的能力。

一、何为态势语

态势语指以具体动作表达类似言语信息的沟通手段。态势语又称身势语言、无声语言、肢体语言、体态语等。

态势语是通过身体的各种动作达到表情达意的沟通目的，它能增强语言的表达效果，提高口语表达的准确性与生动性。广义的态势语包括面部表情、肢体动作、身体的空间距离、身体运动与触摸等。

二、态势语的表现形式

态势语的表现形式主要有面部表情和肢体动作两类。

面部表情是人的心理活动、情绪变化的晴雨表。面部的肌肉、唇、眉等部位的变化均能表达人物的思想感情。面部表情指眼、眉、嘴、脸面的表情。如微笑表示和蔼、亲切、热情、开朗之意，而努嘴和撇嘴则流露出不屑的意味。

肢体动作包括手势和身势。手势指手臂、手掌、手指的运动。身势指身体的运动，包括站立、弯腰、挺胸、跨步等。

儿童故事讲述中恰当运用态势语，能让听者的听觉信息、视觉信息、主观感受等自然结合，激发与引导听者的思维与想象，对理解故事内容起到积极的作用。

不能生硬地套用态势语，呆板、不协调的动作不仅不能增强语言的表达效果，还会影响语言的表达，所以学前教育专业的学生应加强态势语的训练，使自己举手投足显得更形象、大方，更有助于表情达意。

学习笔记

三、态势语的运用技能 >>>>>>>>>>>>>>>>>>>>>>>>>>

（一）面部表情训练

人的面部表情是信息的重要载体之一。在儿童故事的讲述中，面部呈现的喜怒哀乐各种表情，是吸引幼儿注意力、感染幼儿情绪的强刺激物。面部表情要随着故事内容和情境的变化而变化，或喜悦、或悲戚、或惊讶、或愤怒、或苦恼、或激昂、或轻蔑……许多学者发现幼儿的特点是将注意力首先集中在人的面部上，这对于帮助幼儿理解故事是非常重要的。

1. 眼的训练

眼的运动是整个面部最引人注意的部分，是态势语中最特殊、最重要的语言，通过目光可以洞悉人的思想、情感、性格、态度。眼睛所传达的感情深邃和玄妙，甚至为有声语言所不及。“眉开眼笑、目中无人、炯炯有神、贼眉鼠眼”就反映了不同的思想感情。眼的训练可以通过以下项目进行。

目光视觉角度训练：

凝视表示专注，正视表示尊重，仰视表示思考，漠视表示冷漠，环视表示四处打量，斜视表示生气、瞧不起，俯视表示害羞、胆怯、悔恨，直视表示愤怒、惊讶。

故事《胆小先生》中的态势语：

“不行，不行！”大老鼠冲着胆小先生嚷嚷（斜视），“这么多老鼠住这么一个小小的地下室，而你一个人住那么多的房间，太不合理了，得换房子。”

“换房子？”胆小先生大吃一惊。（直视）

眼神训练：

瞪眼表示惊恐或怒气冲冲，眯眼表示休息，虚视表示发愁，目光游移表示心不在焉，目光神采奕奕表示充满兴趣。

2. 眉的训练

展眉表示欢欣，皱眉表示愁苦，挑眉表示轻视，扬眉表示高兴、得意。

故事《鸭妈妈找蛋》中的态势语：

谁见了都说：“啊，多么可爱的蛋！”鸭妈妈听了，乐得嘎嘎嘎地叫：

“这是我生的蛋啊！”（扬眉）

有一天傍晚，鸭妈妈忘了在哪儿生的蛋了，她急得在院子里跑来跑去，怎么也找不着。（皱眉）

3. 嘴的训练

咧嘴表示开心，咬牙切齿表示痛恨，张大嘴表示惊恐，噘嘴表示生气或委屈。

故事《七彩虾》中的态势语：

“那是什么？”虾公公惊叫起来（张大嘴），“哦，一条好大好大的虾呀，还是七彩的呢。”

“不，就是虾。”虾公公的犟脾气上来了。（噘嘴）

（二）肢体动作的训练

1. 手势的训练

手势是语言的延伸，对语言的表达起到补充和强调的作用。手部语言丰富多彩，每个动作都有不同的含义。手势具有直观形象性，能将故事生动形象地呈现出来，提高表达效果，增强说服力；手势又具有象征性，能用象征性的动作代替某种事物来引起幼儿的想象。向上的手势多表示积极、肯定、张扬、振奋的意思，如竖起大拇指、握拳、鼓掌等；向下的手势多表示憎恶、鄙视、压抑、否定等意义，如向下指点、搓手、摊手等。运用手势既要讲究艺术性，又要指示明确、动作自然。

如讲《白雪公主》时，讲到皇后妒忌白雪公主比她美丽一千倍时，讲故事者脸上的神态可以是凶恶的，与此同时做出张牙舞爪的手势；在讲到七个小矮人和白雪公主一起生活时，讲故事者的神态是幸福的、快乐的。

2. 身势的训练

身势指伴随着有声语言，通过身姿体态、举手投足、目光神情传递出各种信息。动态、直观的形象使有声语言的表现力和感染力得到升华。

身势的训练主要通过观摩、模仿以及比较的方法来进行。教学中注意抓住儿童故事中的形容词，充分运用各种直观手段。

抓住故事中的形容词，发挥再造想象与记忆联想的能力，以恰当的态势语增强故事的感染力。

如讲《卖火柴的小女孩》的故事时，当讲到“好冷啊”的时候，可以抱紧双臂、缩着脖子，好像真的感受到了寒冷，通过眼神、手势的表现，似乎真看到了雪花，让听者产生视觉想象。

学习笔记

做中学

学习笔记

【练习一】

从生活中举出一些例子，说一说态势语在口语表达中的作用，以及如何在实践演练中更好地体现态势语。

【练习二】

面部表情的训练。同学间相互练习，对照态势语的表现，找出差距，提升能力。训练内容如下。

微笑、大笑、讥笑/惊讶、奇怪、害怕/紧张、害羞、发怒。

【练习三】

通过故事《漂亮的代价》进行态势语训练。同学间相互练习，对照态势语的表现，找出差距，提升能力。

一天，刺猬姑娘兴高采烈地走出家门【兴奋的状态，摆动双臂】。呦，今天刺猬姑娘真漂亮啊【睁大眼睛，惊奇地发现】：水灵灵的大眼睛上戴着一副蓝框墨镜【上身微微往前，食指指向眼部】，灵敏的耳朵上挂着一对像钻石般闪亮的耳环【双手五指张开，抖动手臂】，身穿五彩斑斓的连衣裙【摆动身姿】，脚上还穿着一双银光闪闪的高跟鞋，那鞋跟就有6厘米多高【用两指比拟高度，脸部惊讶】，走在路上还发出“咚咚”的声音。

她悠闲自得地走在路上【微笑着原地踏步】，突然从路边的草丛中窜出一只饥肠辘辘的大灰狼，眼睛恶狠狠地瞪着她【两眼睁大，目光尖锐，凶狠的样子】。然而，令我们想不到的是【皱眉，疑惑奇怪】，刺猬姑娘不但没有逃走，而且还娇滴滴地说了声：“大灰狼叔叔，我漂亮吗【抬头挺胸，头略向一侧摆，眼神斜视，自信高傲的神态】?”“漂亮，太……美丽！太……漂亮了！”大灰狼结结巴巴地说【结巴状】。大灰狼嘴上这么说着，可心里却在打刺猬姑娘的主意【讥笑】。

拓展练习

较好地运用体态语，讲述故事《胆小先生》，增强故事的感染力。

胆小先生

有一位先生，住在一座漂亮的房子里。因为他的胆子很小，大家都叫他胆小先生。

一天，一只大老鼠闯进了他的房子。胆小先生马上去捉，结果在地下室捉住了它。

“你放了我!”大老鼠挣扎着说，“我要是一跺脚，整个房子就塌了。”

胆小先生害怕了，连忙放开了它，还允许它住在地下室里。

地下室里吃的东西真多，大老鼠吃呀、喝呀，真开心。后来，大老鼠生了一窝小老鼠，小老鼠又长成大老鼠……很快，地下室里住满了老鼠。

“不行，不行!”大老鼠冲着胆小先生嚷嚷，“这么多老鼠住这么一个小小的地下室，而你一个人住这么多房间，太不合理了，得换房子。”

“换房子?”胆小先生大吃一惊。

“对，换房子!”老鼠们齐声说。胆小先生又害怕了。

它们很快换了房子。胆小先生住在地下室，老鼠们住进各个房间。它们在宽大的客厅里唱呀跳呀，在喷香的厨房里喝呀吃呀，每天都像过节一样。

“你应该搬出去!”大老鼠又冲着胆小先生嚷嚷，“你怎么老住在地下室？这么好的地下室，你配住吗?”

“什么?”胆小先生气愤地跺了一下右脚，“咚——”老鼠们害怕了，它们个个抱头乱窜，以为地震了。

“哦，原来我是很有力量的!”胆小先生抓起旧扫帚，这儿一扑，那儿一打，这儿一戳，那儿一捣，老鼠被打得吱吱叫，全逃走了。

胆小先生后来怎么样了？小朋友能猜得到吗?

专题九 教师职业口语

>> 学习目标

- 了解教师职业口语的含义与类型。
- 掌握教师职业口语的特点与要求。
- 掌握教师职业口语的技能与技巧。
- 掌握教师口语在不同场合的运用。
- 培养热爱教育事业的职业情感。

>> 学习导航

- 专题九 教师职业口语
  - 认识教师职业口语
    - 教师职业口语的特点
    - 教师应具备的口语能力
  - 教师职业口语常用技巧
    - 语音的表现技巧
    - 口语的修辞技巧
    - 体态语技巧
  - 幼儿园一日活动中的教师口语训练
    - 生活环节的教师口语训练
    - 户外游戏的教师口语训练
    - 区域活动中的教师口语训练

教师职业口语是教师在学校工作中使用的工作用语，教师需了解它的特点与要求，掌握其技能与技巧，运用符合学生的心理特征和认知规律的口语开展教育教学工作。我们将通过幼儿园的案例分享，让大家更好地了解本项目的学习内容。

学习主题一 认识教师职业口语

扫码看视频

学习笔记

情境案例

冬日午睡后，小班的老师对小朋友说："今天，有一位小客人来到我们班和小朋友一起玩，你们高不高兴啊？""高兴！"小朋友乐得拍起手来，接着老师以小客人的口吻对他们说："小朋友，你们好！我叫巧巧，是来和你们一起做游戏的，游戏的名字叫：钻山洞。这个游戏是比赛穿裤子，小火车，钻山洞，左一列，右一列，呜呜呜，呜呜呜。两列火车出山洞。"在孩子们的欢声中，游戏结束了，小朋友也穿好了裤子。

穿裤子，在成人看来是非常简单的事情，但对于小班的幼儿来说，一是依赖性强，二是自理能力弱。因此，小班的老师采取游戏的形式进行教学，耐心解说，反复强调关键内容，语句通俗易懂、条理清晰，让幼儿主动学会了穿裤子，起到了非常好的教育教学效果。这样的口语表达是幼儿教师特有的，有别于其他职业口语。

教师职业口语是教师从事教育教学活动时的工作用语，是用标准的普通话表达的符合教育教学要求的教师专业用语。

教师职业口语包括教学用语、教育用语和其他工作用语。它是教师向学生传授知识、培养学生能力最重要的手段，更是教师与学生沟通的桥梁。

一、教师职业口语的特点

（一）规范准确

教师的语言应规范准确，成为学生学习语言的榜样，幼儿期是语言发展，特别是口语发展的重要时期。因此，教师要做到以下几点。

1. 语音标准规范

教师要使用标准的普通话，掌握语音的声调、变调、轻声、儿化等，做到发音标准、语音清晰、快慢适中、轻重适度。

【案例】

张教师性格直爽，平时说话语速快，声音大。在午睡环节发现小豪迟迟未入睡，便大声说道："小豪，赶紧睡，别动来动去的，弄醒旁边的小朋友了。"小豪一紧张更是没了睡意，个别入眠的幼儿也醒了，还有幼儿抬头张望。

评析：张教师大声训斥幼儿的行为，容易对幼儿造成不良影响，影响幼儿的健康成长。

2. 语义标准规范

教师的用语应文明优雅，避免搭配不当、词类误用、语序失调、成分残缺等不规范的现象，不使用方言词、生造词，慎用网络词。

【案例】

教师邀请一名幼儿上台表演时说："请我们班的'小鲜肉'庄慕程。"

评析："小鲜肉"一词属于网络流行词，用于形容幼儿不合适。

（二）通俗简洁

教师的口语要直观具体、通俗简洁。尤其是幼儿时期的小朋友，他们的思维方式主要以具体形象思维为主。

1. 语意通俗易懂

在日常生活中，教师应使用学生能听得懂的词语，条理清晰、目的明确。

【案例】

某小班教师表扬小浩："小浩雷厉风行、行动迅速！"

评析：其他幼儿明白教师在表扬小浩，但是并不明白表扬他什么，建议调整为："小浩整理玩具的速度真快！听到收积木的音乐，马上把手上的积木送到盒子里。"

2. 语句简洁明了

幼儿有意注意的时间比较短，教师使用的句式应简短，并突出重点，让幼儿听得明白、记得住。

【案例】

小明每次上完厕所都忘记洗手，王老师说了很多次，他却怎么也记不住。小红倒是记得洗手，可她只是冲一下水就当洗手了。

学习笔记

学习笔记

评析：教师可以将洗手步骤编成儿歌，带领幼儿边念儿歌边洗手，既好玩，又方便幼儿识记。

（三）生动形象

教师的职业口语要贴近学生的生活，符合学生的心理特征，寓教于乐、生动形象，使用学生能接受的语言。

1. 内容生动有趣

教师要善于使用比喻、拟人、对比、夸张等修辞手法，恰当地使用叠声词、拟声词、语气词、感叹词，使口语表达童趣盎然，有声、有形、有色，激发学生参与活动的兴趣。

【案例】

小班个别幼儿胃口差，即便是喂他吃也不愿意张嘴，教师：“呀！小鸣的嘴巴张得真大，像只大老虎，啊呜啊呜吃得香香的，个子也会长得高高的，你像大老虎吗？”

评析：教师运用比喻、夸张的修辞手法，激起幼儿吃饭的兴趣，起到了教育目的。

2. 形式多变

教师应善于变换表述的形式，如模仿各种人物或动物的腔调、语气、神态，模拟各种声响，表现喜怒哀乐的神情，使学生如身临其境，主动参与互动。

【案例】

杨教师在讲述故事时，一会儿模仿狐狸狡猾的腔调，一会儿模仿乌鸦天真的样子；一会儿模仿狐狸得意的神态，一会儿模仿乌鸦捶胸顿足的样子，幼儿被张教师吸引着，都在专心听张教师讲故事。

评析：张教师将故事中的动物角色演绎得活灵活现，吸引着幼儿的注意力，调动了幼儿表演的欲望。

（四）重视差异

教师要结合不同的教学环节、教育对象、教育目的，针对不同年龄、性格的幼儿的特点，使用恰当的职业用语。

1. 结合年龄特点

对小班（3～4 岁）幼儿要注意使用简单易懂的词语，多用动词、名词，多用单句、短句；表扬或批评内容应具体，有感情色彩；态势语稍多，语气稍夸张；语言拟人化；语速慢，多重复。对中班（4～5 岁）幼儿说话的句式要多样化，语言表达的内容应更丰富；提问的内容稍宽泛，答案有多种；语言重复次数减少。对大班(5～6 岁)幼儿说话的语言中应出现一些表示概念的词，增加复句，使语言更简洁。

【案例】

针对幼儿将米饭掉到桌面的教育方式，小班的教师可说：“我是米饭宝宝，别让我掉在桌子上了，呜呜呜，好浪费呀!”大班的教师可说：“我们班的小朋友可不是漏嘴巴的小公鸡，桌子上干干净净的，米饭可不会掉到桌子上。”

评析：教师针对不同年龄段的幼儿采用了不同的口语方式，这样既符合幼儿的年龄特点，又能让幼儿受到教育，从而改掉不良习惯。

2. 结合性格特点

对外向型的幼儿说话须具体明确，语气肯定；对内向型的幼儿要多用鼓励的话语和肯定性的评价，语调要柔和，语气要亲切、婉转，鼓励他们树立自信心。

【案例】

幼儿弄撒了点心(饼干)，林老师对外向型的小成说：“小成，你把饼干撒地上了，大家都不能吃点心了，很难过，怎么办?”教师给幼儿思考的时间，然后再说：“我替你想了个办法，让食堂的阿姨再为我们班准备一份点心，但是这个任务需要你去完成，由你去食堂请阿姨帮忙，林老师陪你一起去。”对内向型的小芳，林老师将其拥入怀中，先安抚其不安的心理，然后再谈话：“饼干撒地上了真可惜，下次可要小心点，你愿意和老师一起去食堂再领一份点心吗?”

评析：针对同样的问题，面对不同学生，林老师采用了不同的处理方式，这种处理方式考虑了不同性格特点的幼儿，有利于幼儿改正错误，起到教育作用。

二、教师应具备的口语能力 >>>>>>>>>>>>>>>>>>>>>>

（一）达到标准的普通话水平

普通话是教师的职业语言，是教师口语的基础，能说一口标准流利的普通话，是每位教师必备的基本素质。幼儿的语言发展贯穿于身心发展的各个领域，对其他领域的发展有至关重要的影响。因此，教师应了解幼儿语言发展的特点，掌握好职业口语，成为幼儿学习的榜样，为幼儿学好普通话打好基础。

（二）有较强的口语表达能力

结合幼儿的年龄特点，教师既需要形象地向幼儿展现教育教学内容，又需要亲切自然地与幼儿进行日常的沟通，因此，教师的语言应具有较强的表现力和感染力。

（三）具有正面的评价能力

幼儿正处于道德、情感、行为的形成、发展时期，教师不仅要具备对幼儿的语言、行为的正确性做出判断的能力，还要有良好的语言评价能力，培养幼儿良好的行为习惯与正确的是非观。

（四）有良好的储备习惯

语言表达能力有赖于语言的积累，只有大量阅读，才能积累知识，提高口语表达能力。教育设计的知识面广，教师应养成学习的习惯，不断丰富自己的知识，提高自身文化修养，提升语言表达能力、示范能力、评价能力，让学生健康、快乐地成长。

学习笔记

做中学

【练习一】

练习方法：

①看清题意，独立思考。

②分组讨论，交流想法。

③代表发言，教师总结。

分析案例中教师使用的职业口语是否符合教师职业口语的要求，体现了哪些特点？请说明理由。

午睡前，小班的老师对小朋友们说："孩子们，今天我们都变成要回洞里睡觉的小老鼠。变好了吗？好！小老鼠们，记得哦！走路要轻轻地，不发出声音，不要让大花猫听见了哦！回到洞里，赶紧钻到自己的被窝里。"接着，老师带着幼儿学着小老鼠的样子，静悄悄地进入午睡室。

【练习二】

1. 尝试将下面这段话进行改编，要求富有童趣，符合幼儿的认知特点。

小老鼠从洞里钻出，发现餐桌上有很多食物，回洞召唤自己的伙伴。

练习提示：

①演绎小老鼠偷偷出洞、惊喜发现食物、呼朋唤友的神态，加入形容词与拟声词。

②把握好小老鼠的语言和体态语。

2. 针对下面的事件，设计教师指导用语。

今天的午餐有蘑菇炒肉片，小班很多小朋友不喜欢吃蘑菇，教师就此进行教育。

训练提示：

针对小班幼儿，教师的指导用语应简洁明了、通俗易懂，避免言语的生硬与指责性的批评。

正面引导幼儿了解营养均衡的重要性。

学习笔记

拓展练习

1. 练习目标：

尝试模拟情境，设计相应的教师职业口语。

2. 练习方法：

①自主选题，独立思考。

②分组试教，互相评价。

③代表发言，教师总结。

3. 练习题目：

①提醒小班幼儿用七步洗手法洗手。

②提醒中班幼儿结束户外自主游戏时要整理好材料。

③提醒大班幼儿在区域活动中遵守规则。

学习主题二 教师职业口语常用技巧

扫码看视频

学习笔记

情境案例

在美术区域，两名幼儿为争抢一支亮金色的蜡笔争执不休。教师进入美术区开始绘画，并不时地发出惊喜的赞叹：“呀！黄色的蜡笔让娃娃的裙子真好看！”“咦！蓝色的靴子真帅气！”“哇哦！红色的发夹让娃娃好像公主哦！”……在老师的引导下，争执中的幼儿放弃了争抢，纷纷跟着使用其他颜色的蜡笔。

在日常，幼儿最喜欢模仿班级教师的言行举止，案例中的教师便利用了这一点，她没有强制制止幼儿的争执，而是稍稍提高了音量，运用夸张的修辞方法，成功吸引了幼儿的注意力，化解了小纠纷。在教育教学活动中，幼儿教师需要运用恰当的修辞手法、语音、态势语等口语表达技巧，提高口语表达能力。

教师语言技能的优劣，直接影响学生对知识吸收的多少和对学习活动的兴趣和积极性的高低，也关系到教师教育教学活动效果的优劣。因此，教师要掌握口语表达的常用技巧，更好地发挥职业口语的教育教学作用。

一、语音的表现技巧 >>>>>>>>>>>>>>>>>>>>>>>>>>>>

语音即语言的声音，是语言符号系统的载体。它由人的发音器官发出，负载着一定的语言意义。教师在职业口语的训练中，要注意音量的适中、音色的变换，语气、语调的把握等方面的技巧。

（一）音量适中

教师在使用职业口语时，音量不宜过小，要让所有的幼儿都能听清，但又不能过大，过大会让幼儿感到恐慌、烦躁，要做到音量适中。首先，以中音区发音为主，发音轻柔有力，声音高而不燥、低而不虚，归音吐字清晰；其次，音量要根据情景富有变化，显示口语表达的层次与情态，吸引学生的注意力，以达到最佳效果。

【案例】

吃午饭时，小红将汤打翻了，汤顺着桌面流向小明的衣服，教师大声提醒："小明，赶紧离开座位，衣服要弄脏了。"所有的幼儿都看向了小明，有的愣在一旁，有的跟着尖叫，有的帮忙擦桌子，场面一片混乱。

评析：教师的音量过高、语气过重，起不到提醒的作用，反而让幼儿无所适从、情绪紧张。教师在处理突发事件时，应保持镇定。遇到上述情况，教师可以快速走到幼儿身旁，带幼儿离开座位，处理好桌面残留的食物，再用不影响其他幼儿的音量，先稳定幼儿的紧张情绪，再提醒他用餐的注意事项，并为其添汤，继续用餐。

（二）变换音色

在日常教学中，教师常常运用不同的声音表现人、动物，以及自然界的各种声音，用不同的腔调表现喜怒哀乐等情绪，这就需要教师掌握音色的变换。

【案例】

餐后散步，有个别幼儿走到花坛里，踩到花儿。老师假装哭泣，细声细气地说："呜呜呜，好疼呀！我是花坛里的小花，是谁不小心踩到我了。"一会儿又粗着嗓子说："我是草坪里的小草，是谁踩到我了，真讨厌！"

评析：对于案例中个别幼儿的行为，教师没有采用大声呵斥的方式制止，而是基于幼儿的年龄特点，扮演花儿，运用音色的变化，以夸张的方式达到拟情的效果，使幼儿有身临其境之感，达到教育的效果。

（三）把握语气、语调

语气是语句"形"与"神"的结合。"神"指语句中流露出的喜怒哀乐等思想感情，"形"是语句外在的快慢、高低、强弱、虚实的声音形式。语调是声音高低升降的变化，包括重音、语速、节奏、句调等方面的变化，与语气紧密结合，让语音有了动听的声调，听起来更具有音乐美，并能够表达不同的思想感情。

【案例】

教师组织猜谜游戏，说道："今天，我们班来了一个新朋友（上升调），它有一对长长的（重音，语速慢）耳朵，一双红红的（重音，语速慢）眼睛，一条短短的（语速快）尾巴，一身白白的（重音，语速慢）毛。你们猜，它是谁？（上升调，疑问语气）"

评析：教师运用语音的表现技巧，变化语气、语调，将谜语表现得

学习笔记

生动灵活，从而吸引幼儿的注意力，使幼儿对猜谜活动充满兴趣。

二、口语的修辞技巧 >>>>>>>>>>>>>>>>>>>>>>>>>>>>>>>

口语常用的修辞方法有比喻、拟人、夸张等，教师恰当运用各种修辞方法，能使口语表达更加生动形象，符合学生的认知特点。

（一）比喻

比喻是一种常用的修辞手法，用跟甲事物有相似之处的乙事物来描写或说明甲事物，是修辞学的辞格之一。教师运用比喻手法，对某某事物的特征进行描绘和渲染，使事物生动形象，以此引发学生的联想和想象。

【案例】

早操时，小王做得很认真，教师表扬道："我发现小王做操的样子真像神气的解放军叔叔，手臂伸得直，小脚抬得高……"其他幼儿听见了纷纷打起精神做操，争着学做解放军。

评析：教师运用比喻的方式，使枯燥的说教变得有趣，化抽象为具体，化繁为简，帮助幼儿理解做操的要求，并使教师的语言生动形象。

学习笔记

（二）夸张

夸张也叫夸饰或铺张，是运用丰富的想象力，在客观现实的基础上有目的地放大或缩小事物的形象特征，以增强表达效果的修辞手法。教师常会运用这种修辞手法，以引起学生的关注与参与的兴趣。

【案例】

教师："哇，小张的眼睛像葡萄一样，瞪得大大的，一直看着老师呢，她肯定最早学会老师刚才说的本领。我再找找，还有谁的眼睛像葡萄一样。"

评析：教师为了加强语气，用夸大的词语形容幼儿的眼睛，以达到吸引幼儿注意力的目的。

（三）比拟

比拟是把一个事物当作另外一个事物来描述、说明，包括拟人、拟物。教师可结合学生的年龄特点，运用拟人、拟物的修辞手法开展教育教学活动。

【案例】

在户外游戏中，幼儿玩得十分兴奋，汗流浃背。教师靠在软垫上，呼唤道："兔宝宝们，兔宝宝们，快到兔妈妈身边来，躺在软绵绵的草地上休息一会儿吧！”

评析：在游戏中，教师采用拟物的修辞手法，用游戏的口吻与幼儿对话，既满足了教学的需要，又将情境贯穿活动的始终，让幼儿一直沉浸在游戏的快乐氛围中。

三、态势语技巧 >>>>>>>>>>>>>>>>>>>>>>>>>>>>>>>>>

教师除了运用有声语言外，还常常运用各种姿势、动作、表情等体态语辅助教学工作。教师常用的态势语包括情态语言、身势语言。

（一）情态语言

图 9-2-1　态势语技巧

情态语言是指人脸上各部位动作构成的表情语言。如目光语言、微笑语言等。在日常活动中，教师面带微笑、目光和蔼，会让幼儿感到亲切，使幼儿乐于与教师亲近，在愉悦的氛围中健康成长。

【案例】

某幼儿性格比较内向，回答问题时声音轻，显得不自信，教师对其微笑着，用眼神鼓励着，并竖起大拇指，仿佛说：“老师相信你，加油！”

评析：教师的表情与举止相协调，以姿助情，以情促姿，形成完整、统一、和谐的美，使幼儿感到愉悦、安详、融洽和温暖。

（二）身势语言

身势语言亦称动作语言，指人们身体的部位做出表现某种具体含义的动作符号。教师最常用的身势语言为手势语和姿态语。手势语是通过手和手指活动来传递信息。姿态语是通过坐、立等姿势的变化来表达语言信息。

【案例】

一名幼儿在台上讲故事，有两名幼儿在下面窃窃私语，教师轻声走到这两名幼儿身旁，蹲下身来，轻轻地抚摸他们的头，吸引他们的注意力后，做出“嘘”的动作，示意他们做个有礼貌的观众。

评析：教师蹲下身来，做到了尊重幼儿，而且暗示性的身势语言既让幼儿意识到自己的错误，同时也不会打扰台上和台下的其他幼儿欣赏故事。

做中学

【练习一】

根据提示，运用恰当的表达技巧朗诵下面的作品。

走下楼梯，(音量中)
那里是一片绿绿的草地。(环视)
那里有陌生的声音，(“陌生”一词有胆怯感)
那里有陌生的游戏。
下楼梯，
我远远地看着这片草地，(上身向后微倾，做远视状)
这新房的周围，
原来有那么多的美丽。(“原来”表现出惊喜，可略微提高音量)
我轻轻地说了句，(“轻轻”一词音量弱而低)
“能不能带我来，
加入你们的游戏。”(此句用试探性语气)
草地上一下子没了声息。(略微皱眉)
我想，他们要来赶我了，(音量弱，胆怯感)
就像赶走一只小鸡；
哗啦，他们围上来了，(音量高，有动态感)
一下子把我围在圈里。
“来呀！新朋友，(音量高，热情欢呼语气)
我们欢迎你！”
草地上多了一个我，多了一个你，(音量中，缓慢抒情语气)
多了许许多多的美丽。

【练习二】

请为下面的儿歌设计体态语。

小熊过桥

蒋应武

小竹桥，摇摇摇，有只小熊要过桥。
立不稳，站不牢，走到桥上心乱跳。
头上的乌鸦哇哇叫，桥下的流水哗哗笑。
“妈妈，妈妈快来呀，快把小熊抱过桥！”

学习笔记

河里的鲤鱼跳出水，对着小熊高声叫：

“小熊，小熊不要怕，眼睛向着前面瞧！”

一二一，走过桥！

小熊过桥回头笑，鲤鱼乐得尾巴摇。

提示：尝试模仿儿歌中各种动物的动态、语气，切莫过于夸张。

【练习三】

尝试运用修辞手法描述以下事物，描述对象为幼儿。

老虎　气球　星星　老爷爷　草坪　风车　汽水

拓展练习

1. 区域活动结束后，教师发现娃娃家的物品散落一地。尝试设计教师的指导用语。

训练提示：注意教师的语音技巧，辅以体态语。

2. 模拟教学情境，设计组织用语。

训练提示：恰当运用各种表达技巧，使表达真实、有效，符合教师职业口语的要求。

学习主题三
幼儿园一日活动中的教师口语训练

扫码看视频

情境案例

案例(一)

下午，教师发现有些幼儿水壶里的水还是满满的。于是，教师拿起自己的水杯，喝起水来，然后大声说道：“嗯，多喝开水真好！口不干了，喉咙也舒服了，声音也好听了，等会儿学唱一首歌，肯定好听。”话音刚落，很多幼儿纷纷拿起自己的水壶喝水。

案例中，教师在发现问题后，以身作则，适时提醒，恰当地运用口语技巧正面地引导幼儿，起到教育作用。

扫码看视频

案例(二)

操场上多了几个滚筒，吸引了大班幼儿的挑战欲望。个高的幼儿轻松地爬上滚筒，个矮的多次尝试也没成功。在旁观察的教师提醒：“徒手没办法，有没有什么可以帮上忙呢?”“有办法，可以找木板和梯子帮忙!”幼儿找来梯子、木板，顺利地解决了问题。

幼儿教师是幼儿游戏的协助者、引导者，要尊重幼儿独立自主的需要，让幼儿自己动手、动脑发现问题、解决问题，鼓励幼儿之间的合作、探索。游戏前、游戏中、游戏后的教师指导用语，是幼儿深入游戏的重要保证。

幼儿园的一日生活主要包括生活环节、游戏环节、教学环节、运动环节，每个环节的教育目的、内容、形式都不相同，幼儿教师要秉承“一日生活皆课程”的理念，在各环节恰当地运用各种口语技能，开展保教工作。

学习笔记

一、生活环节的教师口语训练 >>>>>>>>>>>>>>>>>>>>

生活环节贯穿幼儿在园一日生活的始终，主要包括入园、饮水、盥洗、进餐、如厕、午睡、离园等活动。《3—6岁儿童学习与发展指南》指出：幼儿生活习惯与生活能力发展的目标是具有良好的生活与卫生习惯，具有基本的生活自理能力，具备基本的安全知识和自我保护能力。因此，教师要正确使用口语，引导幼儿养成良好的生活习惯。

（一）入园、离园

入园与离园环节是幼儿在园一日生活的开始与结束，在这两个环节，教师的用语要做好以下几点。

一方面，态度亲切热情。入园时，幼儿刚与家长分离，总是依依不舍，有些幼儿甚至会哭闹。幼儿教师要运用恰当的态势语，面带微笑，蹲下身来张开双臂，用温暖的拥抱热情迎接每一名幼儿的到来、离开。

另一方面，语言富有童趣。幼儿教师的语言除了亲切外，还应富有童趣，在交流中让幼儿开开心心地入园、离园。

【案例】

在教室门口，教师布置了一面招呼墙，墙上展示了幼儿拥抱、握手、击掌等图片，并根据幼儿的兴趣进行更换，幼儿入园时可自选一种与教师打招呼的方式。

评析：这种方式既让幼儿明白要懂礼貌，学会打招呼，同时游戏的形式让幼儿觉得好玩，满心期待每天早上别样的玩法，开心度过每一天。

（二）饮水用餐

教师要保证幼儿一天的营养需要和水分，需发挥语言教育的作用，培养幼儿良好的进餐饮水习惯，促进幼儿身心健康发展。

一方面，发挥教育作用。挑食、不爱喝水的幼儿很多，幼儿教师应运用表扬、谈话等方式，正面引导，培养幼儿良好的进餐饮水习惯。

另一方面，营造温馨氛围。幼儿教师应根据各年龄段幼儿自身的特点，正确对待不同饭量和喝水需要的幼儿，不强迫，使幼儿有良好的用餐饮水情绪。同时，不在幼儿用餐饮水时批评幼儿，以免影响幼儿的食欲或引起噎呛。

【案例】

中饭吃咸饭，里面的胡萝卜让小班几个挑食的幼儿不高兴了，有的幼儿呆坐着不想吃，有的准备把胡萝卜挑到骨盘里。教师说："今天的饭可真香啊！饭里有肉、土豆、蘑菇、胡萝卜……胡萝卜是谁最爱吃的呀?"幼儿："小白兔。"教师追问："吃了胡萝卜有什么作用?"幼儿："变白白的，像小兔子一样。""变聪明。""长得高高的。"教师说："是的，胡萝卜的营养可丰富了。今天，我们看看哪只小白兔最爱吃胡萝卜。"

评析：对于个别幼儿的行为，教师没有采用批评的方式制止，而是基于幼儿的年龄特点，采用比拟的方式，激发了幼儿尝试品尝胡萝卜的欲望，从而达到教育的目的。

（三）如厕盥洗

如厕盥洗是幼儿园一日活动中重要的生活环节，它能反映幼儿基本的生活自理能力和卫生习惯。如厕盥洗能力的培养是幼儿园生活教育的一项内容，而生活教育是幼儿教育的一个重要组成部分，对提高幼儿的生活自理能力、智力、情感、独立性、克服困难的能力的发展都有重要意义。

一方面，开展安全教育。如厕盥洗是让教师较为担心的环节，幼儿喜欢在卫生间玩水、嬉戏、奔跑，这些行为都存在安全隐患。教师应发挥教育智慧，运用表达的技巧，引导幼儿讨论、约定如厕盥洗的常规。

另一方面，养成良好习惯。如厕盥洗的正确步骤经常被幼儿省略，如手一打湿就当是洗好手了、如厕后不会整理衣裤、洗手后不擦手到处甩等，教师可结合儿歌、游戏等方式指导幼儿养成良好的如厕盥洗习惯。

【案例】

教师出示一张露肚脐的小熊图片，说："我们班也有好多露肚脐的小熊，上完卫生间不会整理自己的衣裤。今天，我们就来学习整理的好办法。"教师边示范整理衣裤，边念儿歌："小裤腰，张开口，小秋衣，

学习笔记

往里走；塞塞前，塞塞后，肚脐、肚脐藏里头。”

评析：针对幼儿如厕后不会整理衣裤的问题，教师结合生动有趣的儿歌帮助幼儿学会整理的方法。

（四）午睡

教师要为幼儿营造轻松的氛围，引导幼儿尽快入睡。

一方面，语调轻柔。幼儿教师可在午睡前强调要求，待幼儿进入午睡室后不宜多说话和走动，语调要轻柔，避免影响幼儿入睡。如发现个别幼儿难以入睡或影响同伴入睡，可以轻轻走到幼儿旁边，用激励、表扬、肯定等正面的语气加以引导，让幼儿愉悦入睡。

另一方面，安抚动作轻柔。大多数幼儿可以自己入睡，也有部分幼儿因性格、体质的不同不爱午睡或入睡很迟，教师可将这些幼儿安排在自己周边的铺位，像妈妈一样轻轻地抚摸，或将幼儿抱在怀中轻拍其背，让幼儿的情绪安稳下来。

【案例】

学习笔记

小班新生入园不久，老师发现表现一直很乖的思涵躲在被窝里轻泣着。老师轻轻地走到身旁，问道："哪里不舒服吗？"思涵摇摇头。"想尿尿吗？"思涵摇摇头。"能告诉老师，你想干什么吗？"思涵："我想妈妈了。"老师抱起思涵，搂在怀里，轻轻抚摸，柔声说："老师当你妈妈吧，今天你和老师妈妈一起睡吧。"

评析：新生入园存在不同程度的分离焦虑，午睡时更为明显，教师用温柔的语言、动作及时给予幼儿安抚，了解幼儿的需求，给予满足，使幼儿安心入睡。

二、户外游戏的教师口语训练 >>>>>>>>>>>>>>>>>>>>

户外活动是幼儿日常生活中非常重要的环节。幼儿正处在生长发育的时期，采用适合幼儿生理特点的户外游戏活动，可以提高幼儿身体的适应能力、协调能力，以及培养幼儿的合作、交流、勇敢、坚强、灵敏等多种意志品质，是促进幼儿心理发展的有效途径。户外游戏给了幼儿更多的自由活动空间，教师应正确运用户外游戏指导用语，鼓励幼儿积极参与户外游戏，体验户外活动的快乐。

根据户外游戏的组织形式，教师的游戏指导语可以分为游戏前指导口语、游戏中指导口语、游戏后指导口语。

（一）游戏前指导口语

1. 激发幼儿参与游戏的兴趣

教师可以根据幼儿的年龄特点和活动兴趣，选择游戏的场地、辅助材料，通过恰当的口语和体态语，激发幼儿参与游戏的欲望。

【案例】

小班教师出示贝壳，对幼儿说："孩子们，你们瞧，这是什么？""贝壳。""你们想要吗？""想！""好！今天我们就一起去沙滩上寻找贝壳吧，出发！"

评析：教师运用沙滩找贝壳的情境，配上夸张的语气、体态语，激发了幼儿参与玩沙活动的兴趣。

2. 引导幼儿制订游戏计划

教师可以借助幼儿上一次游戏的视频、照片等材料，组织讨论，引导幼儿回顾上一次游戏所遇到的问题，发生的故事，说说、画画今天游戏的计划，使游戏更有目的性、方向性。

【案例】

在组织幼儿谈话时，教师提出问题：①你上次遇到了什么问题？有什么办法可以解决？②今天，你想选择什么材料？③你想和谁一起玩？怎么玩？

评析：自由游戏不等于无序游戏，教师可以运用游戏前的教师指导用语，引导幼儿有计划地开展游戏。

（二）游戏中指导口语

1. 源于观察的引导

教师是幼儿游戏的助推者，应该站在幼儿的身后，放手鼓励幼儿自主游戏。当然，放手不等于不管，教师要善于观察，在幼儿需要帮助时给予语言方面的支持，而不是包办代替。同时，教师可以运用手机拍摄幼儿游戏的过程，以便游戏后的问题反思与对策分析。

【案例】

滚筒区，小夕第一个平稳地站立在滚筒上，并让滚筒前行，周围同伴羡慕的眼神让他很得意，他开始嘲笑其他失败的幼儿。渐渐地，大家不喜欢和他一起玩了，小夕有点失落，但又不知道该怎么办。教师："小夕，我想学会踩滚筒，你能教教我吗？""可以。"教师学会了之后，问小夕："你愿意教其他小朋友吗？"小夕点点头。教师连忙呼唤其他幼儿："大家快来看，我会踩滚筒了，厉害吧！这是小夕教我的，他能教大家

学习笔记

哦!”在教师的鼓动下，小夕开始教同伴踩滚筒，脸上洋溢着开心的笑容。

评析：当幼儿遇到困难时，案例中的教师从观察者变成了支持者、引导者，运用语言的魅力，指导幼儿学会交流、合作、相处的方式。

2. 成为幼儿游戏的伙伴

学习笔记

教师不应该是游戏的策划者，而应是幼儿游戏的伙伴。教师应带领幼儿合理扮演游戏角色，运用游戏语言，鼓励幼儿解决游戏问题、发展游戏情节。

【案例】

幼儿园里，幼儿正在运用安吉箱、安吉梯、安吉板搭建游戏场，小希准备挑战从高处往下跳，但地面没有铺软垫。教师发现存在安全隐患后，走上前说：“小希，我也想挑战一下，等等我哦。”教师站在小希旁边，准备往下跳。“等等，这么高往下跳，地面太硬，脚容易受伤哦!怎么办?”小希：“我有办法!”说完，小希搬来了软垫。游戏热闹地继续着。

评析：教师不应中途打扰幼儿的游戏，但当游戏存在安全隐患，或幼儿遇到无法解决的问题时，教师可在不影响游戏发展的前提下，及时介入，发挥语言指导的作用。

（三）游戏后指导口语

1. 指导幼儿反思游戏

反思游戏过程可以引导幼儿梳理游戏思路、分析游戏问题、探讨解决策略、制订下次游戏计划。教师可以组织集体讨论，以讲故事、画画的方式进行游戏回顾。

【案例】

游戏后，教师组织幼儿谈话。教师：“谁愿意上来说一说，自己是和谁一起玩的？玩什么？怎么玩的？有什么困难或是有不一样的玩法?”皮皮和妮妮一起上前开始介绍。教师在电子白板上播放他们的游戏照片、视频，帮助幼儿回顾游戏过程。

评析：案例中，教师通过游戏语言的指导，不断推进幼儿回顾游戏。在幼儿的讲述中，教师通过播放游戏视频、照片的形式，对幼儿进行及时引导，帮助幼儿梳理游戏，从而激发了幼儿进一步游戏的兴趣。

2. 评价幼儿游戏的品质

游戏结束后，教师可以运用指导用语，对幼儿的游戏进行概括性的总结，采用鼓励的语言调动幼儿的参与积极性，用生动的语言组织活动，用正面的语言评价幼儿的游戏行为，用肯定的语言培养幼儿的品质。

【案例】

在幼儿说完游戏故事后，教师播放了一段短视频，教师："你们瞧，这是谁呀？他在干吗？""是月月。"大家七嘴八舌，纷纷点赞月月整理玩水区水管的行为，让平时内向的月月红了脸。教师："玩水区是大家最喜欢玩的地方，可玩好了之后，水管、勺子、瓶子之类的材料总是跑错了家，送错了盒子。今天，我也觉得月月确实能干，把水管整理得整整齐齐的，下一次，我们需要水管就能很快找到了。真好！"

评析：教师在话语中既表扬、肯定了月月的行为和个性品质，也提醒了幼儿活动后应学会整理活动材料。

三、区域活动的教师口语训练 >>>>>>>>>>>>>>>>>>>

区域活动是根据幼儿发展需求和主题教育目标创设的立体化育人环境，即充分利用各类教育资源，有效运用集体和个别相结合的活动形式，组织幼儿进行自主选择、合作交往、探索发现的学习、生活和游戏活动。常见的区域活动有语言区、建构区、科探区、美工区、角色区等，幼儿教师要充分发挥口语的指导作用，帮助幼儿自主探索、快乐学习。

（一）语言区的教师口语

一方面，示范引导。在语言区，教师的示范性较为突出。特别是小班，教师可以与幼儿一起阅读，培养幼儿的阅读习惯和方法。教师运用生动形象的语言进行讲述，激发幼儿阅读、讲述的兴趣，培养其语言表达能力。

另一方面，鼓励助推。教师应为幼儿创设自由、宽松的交往环境，让幼儿想说、敢说、有机会说。教师可以扮演热心听众，鼓励幼儿多在同伴面前讲故事、编故事、表演故事。教师的信任、支持和鼓励，可以激发幼儿表达的信心，在练习的过程中，提高幼儿的口语表达能力。

【案例】

小西套着手偶在"戏台"后怯生生摆弄着，老师看见了，搬来一张椅子，坐在台前鼓起掌来："好听，如果声音再响亮些，大家才能听得到

学习笔记

哦。观众们坐好了，请开始吧。”在“观众们”的鼓励、期待下，小西大胆开始了自己的表演。

评析：教师以观众的身份介入，既不打断游戏氛围，又能自然地融入游戏角色，发挥助推的作用。教师及时的介入、鼓励，让幼儿有了表演的自信。

（二）角色区的教师口语

学习笔记

一方面，自主开放。通过游戏，调动幼儿的参与积极性，发挥幼儿的自主性，让游戏真正属于幼儿。教师与幼儿共同讨论不同阶段角色区的主题、内容、玩法、材料等，并在游戏中适时介入，促使游戏不断深入。

另一方面，模拟示范。角色游戏是幼儿模仿成人世界的社会性游戏，它虽源于幼儿的生活，但因幼儿的生活经验不足，教师应根据游戏发展的需要丰富幼儿对游戏角色的认识，丰富角色语言，丰富角色的行为表现。

【案例】

烧烤店里，店员埋头烧烤，可是一个客人也没有。教师扮演顾客，与店员聊天：“烤串真好吃！这么好吃应该让大家知道呀，该怎么做才能吸引顾客光顾呢？”“应该大声叫卖。”“那就试试吧。”

图 9-3-1　模拟示范

评析：在游戏时，当幼儿遇到问题的时候，教师的介入和引导是十分必要的，教师要发挥口语表达的作用，为幼儿的游戏起示范作用。

（三）科探区的教师口语

扫码看视频

一方面，激发兴趣。科探区给幼儿创设的是尝试、探索、操作的环境，幼儿教师应营造一个宽松、自主的氛围，结合幼儿的认知特点，运用浅显生动的教师口语，激发幼儿探究的兴趣，启发幼儿通过探索，解决问题并获得知识。

另一方面，规范严谨。幼儿教师在科探区使用科学严谨的语言，才能指导幼儿进行操作、探索，培养幼儿分析、判断和推理的能力。

【案例】

凡凡和燕子在玩传声筒，引起了嘉嘉和乐乐的兴趣，他们也走过去拿起传声筒玩了起来，可是不管他们怎么说，都听不见对方的声音。正当他们要放弃的时候，老师走过去对他们说："嘉嘉，你们怎么不玩呢？"嘉嘉委屈地说："乐乐说话，我听不见，我说话，乐乐也听不见。"老师说："为什么凡凡和燕子可以听得见，你们这个传声筒不可以呢？"于是四个人都在那边检查，看看传声筒是不是坏了。这时候嘉嘉发现了什么，叫了起来："你们看，我们传声筒的线不一样。"老师追问："有什么不一样？"四名幼儿逐个尝试，发现这个传声筒只有用棉线才可以听见声音，其他的都听不见。他们四个高兴地把这个发现告诉了其他的小朋友。

评析：幼儿通过探究操作材料和实验后，每个人都想表达自己的感受、体验和发现，这时教师可以为幼儿提供宽松自由的氛围让幼儿与同伴、教师交流自己的操作结果与困惑。在讨论中，幼儿可以从同伴那儿得到许多信息，同伴的不同看法和解决问题的不同方法能够促进幼儿不断思考，从而逐步完善幼儿的想法，提高幼儿的认识水平。这有助于促进幼儿语言和思维的相互作用，更有助于将幼儿的发现引向深入。

学习笔记

（四）建构区的教师口语

一方面，启发想象。建构区重在培养幼儿的空间知觉、想象力，因此，幼儿教师应该用富有逻辑的语言引导幼儿认识各种建构材料，认识数量关系，用想象的语言启发幼儿，培养幼儿的建构能力和创造能力。

另一方面，锻炼能力。在建构区，幼儿经常一起游戏，一起设计、建构，解决问题，因此，幼儿教师应该引导幼儿学会分工合作，学会表达交流，促进幼儿社会性的发展。

图 9-3-2 幼儿一起玩游戏

【案例】

建构区中，幼儿们用纸箱进行自由的拼摆，只听哗的一声，还没建好的高楼倒塌了。幼儿们并没因此而感到沮丧，反而出奇地兴奋，再倒再建，幼儿们愉快地重复着他们的工作。看到此情景，教师说："高楼没等建好就倒塌了，太可惜了。""是啊，怎么光倒啊。"幼儿们开始注意到高楼倒塌的原因，接下来的工作中幼儿们尝试想办法避免高楼再次倒塌，可高楼还是一再倒塌。教师又说："大家想了这么多办法，可楼还是倒了，怎么回事呢？""老师，纸箱不一样，有大的有小的。"幼儿们发现了纸箱的不同。"纸箱怎样垒才不会倒呢？""大的在下面，小的在上面。""好，大家再试试这个办法行不行。"幼儿们再次投入他们的工作中。接下来的搭建工作很顺利，高楼建得很稳。可他们又遇到了问题。"够不着了，怎么办？"小宇垒不上去了，急得拿着纸箱围着高楼转。这时小昊想出了办法。"站到椅子上。"孩子们赶紧搬来椅子，站在椅子上继续垒，教师帮小宇扶着椅子，以防摔倒。"老师，看我们的高楼好高呀！"幼儿们看到他们搭起的高楼感到很满意。

学习笔记

评析：对小班幼儿来说大型的建构游戏操作材料特别吸引他们，幼儿表现出了强烈的操作兴趣。由于年龄的限制，在操作初期，游戏缺少新意。游戏中搭建物的倒塌，反而刺激了幼儿，他们感到格外的兴奋，由于自控力较差，出现了破坏性的行为。小班幼儿对游戏中出现的困难，已有初步寻求自我解决的能力。游戏中教师能够观察幼儿，了解幼儿的兴趣、需要、能力、情感等，抓住教育契机，及时介入，指导幼儿探索。

（五）美工区的教师口语

一方面，艺术启迪。美工区主要培养幼儿的操作、表现、创造能力。幼儿教师可以用夸张的语言激发幼儿创作的兴趣，用形象的语言描述作品，用生动的语言评价幼儿的作品，从而培养幼儿欣赏美、感受美的能力。

另一方面，指导引领。幼儿表现、创造美需要掌握画、剪、贴、撕、捏等技能，幼儿教师可以运用语言技能，通过示范，指导幼儿掌握各种技能和工具的使用技巧，培养幼儿表现美、创造美的能力。

【案例】

今天，老师将颜料放进美工区。幼儿们对颜料可感兴趣了，他们全都围在了颜料的周围，问："老师，这是什么呀？""这是颜料。"幼儿们"哦"了一声，其实，他们对于颜料并不清楚，并不知道颜料有什么用。

于是，老师就用手指蘸了一点颜料，然后在纸上点了起来。很快，一朵小花出来了。幼儿们全都欢呼起来："哇！真好看！老师，我也想玩！""好的。"于是，幼儿们一个个用小手指，蘸起了颜料，开始在纸上点了起来。当然，他们不可能像老师一样，点出一朵花来，而是胡乱地点一通。但是，他们却感到很快乐，一个个笑容满面。就在这时，小浩将涂满了颜料的小手掌印在纸上，"老师，你看，好看吗？""真好看！你印的是什么呀？""嗯，是小鱼。"其他孩子看到小浩印了这么漂亮的小鱼，纷纷效仿，没多久，纸上到处都是小鱼，漂亮极了。大家一个个露出了满意的神情。

评析：虽然幼儿对颜料的认识几乎等于零，但是他们却有着好奇心和求知欲，当他们从教师口中得知颜料可以用手指点画时，他们的模仿能力马上驱使他们学了起来。幼儿的想象力是不容忽视的，教师要做的就是善于观察，善于发现幼儿的想法，加以引导和推广。

做中学

学习笔记

【练习一】

说说下列案例中教师的口语是否恰当，如果恰当，请说说可取之处；如果不认同，可说说自己的想法和建议。

(1)紫灵今天穿了一件粉红色的连衣裙，一走进教室，她就连忙跑到老师跟前问好。看老师没发现她的新裙子，就问："老师，你看，我今天穿裙子了。"老师瞄了一眼，说："哦，快去玩积木吧。"紫灵一脸无趣地走开了。

(2)离园时，子豪妈妈问老师："老师，子豪今天睡觉乖吗？"老师说："子豪今天有午睡哦！而且睡得很香。"随后，蹲下身来，轻声和子豪说："你在午睡前老是扯沐沐的头发，今天老师先不告诉妈妈，如果明天你能不去影响沐沐睡觉，老师就把这件事情变成我们之间的小秘密，不告诉别人，你能做到吗？"子豪开心地和老师拉拉钩，一蹦一跳地和妈妈离开了幼儿园。

【练习二】

请结合下列情境，设计教师的组织语言。

(1)自主取餐时，小阳喜欢吃蘑菇，他盛了一大份。小洋不喜欢吃蘑菇，一点都没盛。

(2)户外活动时，生活老师经常提醒幼儿喝水。仔仔说："老师，你怎么都不喝水？"

(3)午睡时，闹闹一会儿要喝水，一会儿要上卫生间，一会儿要涂防蚊水。

【练习三】

学习笔记

预设情境，探索如何运用教师口语技巧组织幼儿的如厕盥洗环节。

(1)对喜欢在卫生间聊天、玩耍的幼儿说几句话。

(2)对洗手很随意的幼儿说几句话。

【练习四】

说说下列案例中教师的口语是否恰当？如果恰当，请说说可取之处；如果不认同，请说说自己的想法和建议。

(1)晓晓骑着三轮车想过小拱桥，可是拱桥太陡，上不去的晓晓向老师求助。教师："我知道晓晓会想到过桥的办法，想一想、试一试哦！"得到教师的鼓励，晓晓尝试了多种方法后终于过桥了。教师给晓晓竖起了大拇指，并鼓励晓晓可以在游戏后与大家分享游戏故事。

(2)"建筑工地"游戏结束了，幼儿问："老师，城堡还没建好，可不可以不拆了？明天我们还要再往上搭。"教师："不行，游戏结束了，材料都要收拾好。明天想玩明天再搭吧。"

【练习五】

请结合下列情境，设计教师的组织语言。

(1)涛涛和浩浩在泥浆区大吵起来，互相争着要拿皮管往池子里放水，教师该怎么说？

(2)天气转冷，一些幼儿不喜欢到户外参加游戏，教师应该怎么说？

(3)一些幼儿骑着自行车到处乱撞，教师应该怎么劝说？

【练习六】

说说下列案例中教师的口语是否恰当？如果恰当，请说说可取之处；如果不认同，请说说自己的想法和建议。

(1)语言区无人问津，建构区却十分拥挤。教师："建构区人太多了，鹏鹏、仔仔、小牧、小力到语言区来，快点。"4个幼儿虽很不情愿，但还是到了语言区，趴在柜子前看着建构区。

(2)“餐饮店”里，桌上、地上到处都是“顾客”留下的垃圾。教师：“哎呀，怎么这么多垃圾呀，我不喜欢在这么脏的店里吃饭。”“服务员”听见了，连忙开始打扫。

【练习七】

请结合下列情境，设计教师的组织语言。

(1)美工区刚投放了泡泡棉，幼儿不知道该怎么使用，教师该怎么说？

(2)益智区里，程程一遇到难题就更换另一种游戏材料，教师应该怎样介入？

(3)理发店里，大家都抢着当美发师，没人愿意当顾客，教师该怎么处理？

拓展练习

1. 模拟小朋友在园生活环节的某一教学情境，设计组织用语。
2. 模拟幼儿户外游戏的某一教学情境，设计组织用语。
3. 模拟幼儿区域活动的某一教学情境，设计组织用语。

(训练提示：恰当运用各种表达技巧，使表达真实、有效，符合教师职业口语的要求)

专题小结

本项目通过大量的案例分析，让学生了解教师职业口语的特点(以幼儿园为例)，学习简单的生活、户外游戏、区域活动等环节中的口语运用技巧。本项目所提供的实践由易到难，循序渐进，让学生轻松提高语言能力。

专题十
教师交际口语

>> 学习目标

- 了解教师交际口语运用的基本原则与要求。
- 掌握教师与家长沟通的谈话技巧。
- 掌握教师与领导、同事交流的谈话技巧。
- 能在不同的语言环境中恰当运用口语进行交际。
- 培养说好普通话的习惯和沟通能力。

>> 学习导航

- 专题十 教师交际口语
  - 教师交际口语的原则
    - 职业性原则
    - 真诚性原则
    - 对象性原则
    - 语境性原则
    - 灵活性原则
  - 与家长的交际口语训练
    - 接待家长来校谈话
    - 家访谈话
    - 家长会谈话
  - 与同事的交际口语训练
    - 与学校领导的谈话
    - 与学校教师的谈话

良好的口语表达能力是优秀教师的必备素质。教师口语交际的对象不仅仅是学生，还有学生家长、领导及同事等。教师要学会运用相关的技能、技巧与不同对象进行口语交际，不断提高与人沟通的能力，增强与人沟通的良好效果。长此以往，你将成为一个敢说、会说的教师。让我们一起练起来！

学习主题一
教师交际口语的原则

扫码看视频

学习笔记

情境案例

吴老师去参加一个会议，身边一位女士礼貌性地询问吴老师："你好，请问你在哪里工作?"吴老师说："阳光幼儿园。"女士开心地说道："太好了，我的孩子接下来就是要去你们幼儿园上学。"这时候女士从包里掏出了一个小盒子递给吴老师："老师，咱们真是有缘分啊，这种口红特别好用，你试试吧!"吴老师说："谢谢，但是我不能收你的礼物。"女士接着说："接下来孩子在你们那儿还希望你多多照顾呢！你就收下吧!"吴老师微笑着说："欢迎孩子来我们幼儿园，谢谢你对我们的认可，我们所有的老师都会好好照顾每个孩子的。幼儿园还有事，我就先走了，下次送孩子过来我来接待你，再见!"

吴老师的回答恰当、准确、简洁又不失热情，符合人们心目中对教师的定位，也体现了教师的职业道德。

口语交际是人与人之间沟通和交流的必要手段。语言是人类特有的交流工具和沟通方式。一般来说，交际口语是在特定的语言环境当中，人们为了特定的目的，以语言为主要手段进行传递信息、交流思想、表达情感的活动。

教师交际口语是指教师在直接性的教育、教学活动之外，以教师身份参与的，同非教育对象间进行的教育教学的间接活动时使用的工作性语言。比如，与家长、同事、领导以及社会各界人士进行交际所使用的口语。

在交际过程中，我们要注意以下几个原则。

一、职业性原则

教师这一职业让从教者自带光环，即使在非教学活动中，所交流的对象也不是受教育者，但依然要树立"职业身份意识"，教师在工作和社交中，只要是以教师这一角色出现，交际的对方就会用教师的标准衡量这一角色，将其定位在教师的职业角色上，因此教师要遵守职业道德和职业素养，树立良好的职业形象。要使用标准的普通话，用词准确、语速得当、语调正常、表达流畅，禁止使用污言秽语，无明显的小动作和口头禅。

二、真诚性原则 >>>>>>>>>>>>>>>>>>>>>>>>>>>>>>>>>>>

真诚待人是成功交际的重要保证，对教师而言更是如此。教师无论接触哪种类型的交际对象，都要抱着真诚的态度和目的与人交流，发自内心地表达自己，避免让对方感到自己华而不实、故弄玄虚。只有这样，才能取得预期的沟通效果。在与人交流的过程中，要注意使用礼貌称谓，如“×××妈妈”“×科长”“×主任”“×老师”“您”等，要做到语气诚恳、目光柔和、面带微笑。努力做到“请”字开头、“谢”字结尾，顺利实现语言交际的目的。

图 10-1-1　真诚待人

三、对象性原则 >>>>>>>>>>>>>>>>>>>>>>>>>>>>>>>>>>>

在教育、教学活动中，教师口语交际的主要对象是学生，教师处于主导的权威地位。教师在其他工作语境中，交际对象不再是教育对象，而是学生以外的各种人，因此，教师要具备“角色转换”的意识。既要在口语交际中体现教师的学识修养，又不能给对方以好为人师的感觉。

有时不成功的口语交际是由于自己忽视了在不同场合中的角色转换，交际场合变了而角色没变，同样会影响双方的交流。

四、语境性原则 >>>>>>>>>>>>>>>>>>>>>>>>>>>>>>>>>>>

语境是言语环境的简称。语境很重要，它是众多学科关注的问题。当教师面对不同的社会环境或自然环境，在不同的交际时间或交际场合，面对不同的交际对象时(如不同身份、经历、性格、修养、心情、处境、知识水平及关系亲疏等)，同样的内容要根据实际情况用不同的语言表达出来。(如图 10-1-2，10-1-3 所示)

也就是说，正式、严肃的场合要用正规的语言表达，轻松的场合则可以用通俗的、个性化的语言表达，这样既符合交际场合相应的风格和气氛，又能取得良好的交际效果。

图 10-1-2　课上交流

图 10-1-3　课下交流

五、灵活性原则

在交流过程中，做到先“通情”后“达理”，选择对方容易接受的语言表达策略。教师在不同的工作语境，交际对象的情况也多种多样：年龄的差异，文化水平以及思想水平的差异，处境、心情的好坏等。教师在进行口语交际时，交流对象多而杂，这就要求教师学会做到“心理相容”，避免阴阳怪气。通过自身说话的艺术及魅力，考虑不同对象的可接受性，针对具体情况、具体对象，恰当地调整交际策略，灵活地运用交际口语，营造和谐的口语交际环境。

学习笔记

做中学

通过案例分析，掌握教师交际口语的原则及要求。

案例一：

幼儿园开学初期，小丁老师到萌萌家进行家访，小丁老师看到客厅里坐着两个年龄相仿的男子，其中一个与幼儿的容貌相似，就对他说：“我是萌萌的班主任，没猜错的话，您就是萌萌的爸爸吧。”对方点头称是。另一男子插话道：“这是我们的董事长。”小丁老师微笑着回答：“这个在孩子的信息登记表中早已得知。不过，我是来家访的，找的只是孩子的爸爸。”接下来，她自然大方，侃侃而谈，毫不拘谨，顺利地完成了家访，并让家长产生敬意（如图 10-1-4 所示）。

图 10-1-4 家访

案例二：

“小董妈妈您好，我是阳光幼儿园的小陈老师，也是小董的新班主任。我今天电话家访主要是想了解一下小董在家的表现情况。这会耽误您一点时间，给您带来一定的麻烦，真是感到抱歉。不过，我是希望通过这次电访，能够更加深入地了解孩子，进一步帮助幼儿园制定更好的措施，促进孩子的健康成长。谢谢您的配合(如图 10-1-5 所示)！”

图 10-1-5 电话访问

案例三：

在一次骨干教师研修班的培训中，学员需要做自我介绍(如图 10-1-6 所示)。这时主办单位的各级领导都在，氛围比较严肃。一名学员这样介绍自己：“大家好，我叫李绍琳，来自绍兴，很高兴有这次学习的机会，希望在接下来的培训中能够得到各位专家领导的指导与帮助。”

在当天的小组聚餐中，领导们不在。李绍林是这样介绍自己的：“我的名字很简单，也很好记：李绍琳，‘李’是李连杰的‘李’，‘绍’是绍兴的‘绍’，‘琳’是关之琳的‘琳’，以后各位客官可以称呼我为小琳。我的家乡盛产孔乙己茴香豆、乌篷船、乌毡帽，对了！那就是绍兴。欢迎大家到绍兴一睹鲁镇风采。”

学习笔记

图 10-1-6　培训

分析步骤：

①自己先想一想，再说一说。

②小组讨论，补充修改。

③在小组中发言，用准确连贯的一段话说出自己的意见。

④师生共同讨论。

拓展练习

针对具体情境，设计具有感染性，清楚明白的口语。

情境模拟：

在一次干部竞选活动中，有十几名教师参加了竞选演讲，演讲内容大同小异，每位教师的发言为10～20分钟。开始的时候，台下的教师听得还挺认真。随着下班时间临近，许多人脸上露出不耐烦的神情。如果你是这位老师，看到这种情况会如何处理呢？

步骤：

(1)先阅读材料，进入情境。

(2)自己先想一想，再说一说。

(3)小组训练，看谁说得好。

(4)补充修改。

(5)个人汇报，学生点评。

学习主题二
与家长的交际口语训练

情境案例

教师：呦！您家养了这么多好看的花！我就跟走进百花园似的。

家长：老师您过奖了。

教师：养这些花不容易吧？

家长：是啊，要浇水、施肥、剪枝、松土……什么时候，什么花施什么肥都有讲究，弄不好它就不开花。

教师：对呀。养花跟育人一样，您对养花这么有研究，对您的孩子是不是……

教师巧妙地将养花的话题引到了育人的问题上。教师委婉地用对比的话语指出家长对教育孩子的忽视。这样的谈话，家长还是比较容易接受的。

扫码看视频

学习笔记

家庭和幼儿园是幼儿生活、学习的重要场所，两者在教育中的地位同等重要，缺一不可。家长决定把幼儿送到某所幼儿园学习，首先是对这所幼儿园的信任和认可。幼儿园的各项教育必然也离不开家长的配合。幼儿的健康成长有赖于家庭和幼儿园教育的一致性，只有在两者形成合力的基础上，幼儿身心各方面才能得到良性发展。无数事实也证明了家园共育，比幼儿园单方实施教育的效果更好、更快、更巩固。因此，与家长沟通，建立朋友式的新型关系，是幼儿园工作的重要组成部分，教师必须具备与幼儿家长沟通的语言技能。

教师和家长沟通的方式有很多，如家访、家长会、家校联系本、亲子活动等，既有书面语言沟通，也有口头语言沟通，但最重要的是口头语言沟通。

资料卡

著名的幼教专家陈鹤琴先生说过：幼稚教育是一种很复杂的事情，不是家庭一方面可以单独胜任的，也不是幼稚园一方面能单独胜任的，必须要两方面共同合作方能得到充分的功效。

一、接待家长来校谈话 >>>>>>>>>>>>>>>>>>>>>>>>>>>>>>

在幼儿来园、离园期间，教师要充分利用短暂的接触时间与家长进行沟通，这是教师与幼儿及个别家长交往的机会，是与幼儿、家长建立友好关系的好机会，让家长了解幼儿园的教育教学工作，了解幼儿在校情况、挖掘家长的教育资源，发挥家园共育的最大功效。除面谈外，还可以利用电话、网络聊天等方式进行沟通。在与家长的沟通中，谈话的质量决定着信息传递的质量，也间接地影响了幼儿教育的质量。

要做到和家长有效沟通，达到良好的教育目标，就要掌握以下谈话技巧。

（一）尊重，倾听

学习笔记

每当幼儿来园、离园时，教师可以在门口与家长做短暂交流。这时的交流教师都是毫无准备的。在这种情况下，教师要注意倾听家长的话，迅速了解家长来访的动机与心情，并及时做出适当的回应。

在短暂的交流中，教师要尊重家长，耐心地听取家长的意见和建议，找到幼儿的闪光点，让家长处于和谐、轻松、愉快的交流环境中。

（二）谦和，平实

教师在与家长交谈的时候要态度谦和，语言平实，以平等的态度和家长交流，少用或不用专业术语。

每个家长都希望幼儿得到教师的肯定，但也知道幼儿存在许多不足，所以也希望教师能够指出幼儿的不足，让他们变得更好。那么“说什么”“怎么说”就尤为重要。教师不能为了发泄自己，一味地强调幼儿或家长的问题，如“这孩子平时在家就这样吗？那屁股一刻也坐不住！”“你的孩子真是太调皮了，爱怎样就怎样吧！”作为教师应该诚挚地指出问题，共同探讨解决问题的方法。如“您的孩子注意力不够集中，不过不要过于担心，毕竟孩子年龄还小，咱们好好地研究一下，看看怎么解决孩子的这个问题。”“这孩子除了这点问题外，其他地方都很好，老师和小朋友都很喜欢他。”

（三）冷静，换位

工作中，由于各种原因家长和教师之间也会产生一些矛盾，这时的教师应该换位思考，避免矛盾的激化。不管家长的观点正确与否，不要当面否定家长，要听完之后再做解释。如果教师与家长发生冲突而恶言相向，不但影响教师的职业形象，也会损害学校的声誉。

二、家访谈话

家访，是打开幼儿心灵的钥匙；是联系幼儿与家庭的纽带，家访是幼儿园与家庭共同教育幼儿的桥梁。家访的种类有一般性家访、慰问性家访、表扬性家访、沟通性家访、防微杜渐性家访、纠正不良家庭教育的家访等。

家访的目的是与家长互通情况，交流各方面的信息。它不仅能增进教师与幼儿之间的感情，解决幼儿在幼儿园难以处理的问题，还能使家长了解并支持幼儿园的工作，在对幼儿教育方面与幼儿园保持一致，形成教育的合力。

家访前要做好以下几个方面的准备。

第一，了解幼儿，把握幼儿的家庭情况。家访前，教师必须对幼儿在园的表现进行全面的了解，公正客观地向家长提出幼儿有哪些优点与不足、应加强哪方面的教育；对幼儿家庭应该有所把握，选择更好的说话方式。

第二，目的明确，家访及时。根据家访的目的，谈话重点有所不同。每次家访的目的都应该具体明确，如由于幼儿有某项特长，希望家长支持培养；因为家长忽略了某方面的教育使幼儿存在某方面的不足，建议家长采取措施等。家访必须从关心和教育幼儿出发，而不是向家长告状，利用家长来惩罚幼儿。

教师家访的基本流程大体分为三个阶段。

第一阶段：教师向家长介绍幼儿的在园情况（上课、习惯、性格与人际交往等），以表扬鼓励为主。

第二阶段：教师向家长了解幼儿在家里的情况。包括幼儿在家的基本情况、家庭对幼儿的教育情况、幼儿在幼儿园以外的情况等。

第三阶段：教师与家长共同研讨教育幼儿的措施与策略。结合家长交流的结果，对幼儿存在的问题提出解决方案等。

家访谈话要讲策略和技巧。交谈时，要营造和谐的氛围。反馈幼儿在园的情况要从正面入手，创造轻松愉快的谈话环境。不能对家长用命令式语气，对家长提出建议和要求时，要避免与家长发生争吵。家访时，教师要做到态度谦和，实事求是，此外，还要把握好谈话时间，不要冗长拖沓。

学习笔记

资料卡

温馨提醒

1. 家访的预约时间一定要提前两天，不要预约在餐点的时间，以免家长邀请吃饭。

2. 绝不收受家长任何礼物。

3. 不允许在家长家里大口吃东西，除了喝水，最好不要吃东西。

《幼儿园教育指导纲要(试行)》指出：幼儿园应与家庭、社区密切合作，综合利用各种教育资源；共同为幼儿的发展创造良好的条件。

《幼儿园教师专业标准(试行)》中要求：重视幼儿园、家庭和社区的合作，综合利用各种资源，与家长进行有效沟通合作，共同促进幼儿发展。

《幼儿园工作规程》指出：幼儿园教师对本班工作全面负责，与家长保持经常联系，了解幼儿家庭的教育环境，商讨符合幼儿特点的教育措施，相互配合完成教育任务。

三、家长会谈话 >>>>>>>>>>>>>>>>>>>>>>>>>>>>>>>>>>>>

家长会是由幼儿园或教师发起的，面向幼儿、家长，以及教师的交流、互动，介绍性的会议或活动。它是教师联系家长、家长了解幼儿在校情况的重要途径，也是家长了解教师如何管理、教育幼儿的有效途径。因此，开好家长会是教师工作的一个重要方面。

图 10-2-1　家长会谈话

（一）教师应转变观念

《幼儿园教育指导纲要(试行)》明确提出：“家庭是幼儿园重要的合作伙伴”。家长和教师是平等的，教师不能因为受过教育的专业训练就看不起家长，认为家长不懂教育孩子，家长理所应当接受教师的“训导”；家长和教师是利益的共同体，他们最关注的都是幼儿的健康成长，只有家园合作才能形成教育合力；家长也是幼儿园的重要教育资源，家长来自社会各行各业，他们的专业特长、兴趣爱好和社会经验都是我们对幼儿进行教育的宝贵资源。

（二）教师应做好会前准备工作

召开家长会前，教师要精心准备，思考如何介绍幼儿的学习情况及表现、需要家长配合解决的问题等。对于家长会提出哪些问题，教师要有一定的思想准备，以便在家长会上能够自如地应付，而不打无准备之仗。家长会的主要任务是沟通交流，以达到家园互动的目的，让家长了解幼儿在校的情况，教师了解幼儿在家里的情况。

（三）注重谈话技巧，力求和谐融洽

家长会上教师一定要注重谈话技巧，切忌语言生硬，态度死板。回答家长问题时要耐心，做到实事求是，不夸大，不掩饰。家长会的讲话特点是“一对多”，教师讲话要从正面入手，对幼儿的优点要充分肯定，语气要舒缓、亲切，让家长感到教师对幼儿的关心；对幼儿的缺点和错误，教师不要点名批评，让家长难堪，更不能把家长会变成“告状会”。教师应创造同喜同忧、和谐融洽的谈话氛围，争取家长的配合，顺利完成既定的教育任务。

【案例】

家长会上，白老师从不同角度表扬了全班每一个幼儿，家长都用欣慰的眼神看着白老师，接着白老师又把班上存在的问题进行了归纳，并提出了解决的对策，希望得到家长的配合。活动结束时，许多家长纷纷向白老师表示感谢。

评析：白老师在家长会上运用讲话的语言策略，做到点到即止，维护了家长的自尊心，争取了家长的主动合作。

学习笔记

做中学

【练习一】

通过案例分析，掌握教师与家长的交际口语训练技能及要求。

案例一：

思思父母忙，平时都是由奶奶送她去幼儿园，奶奶看见站在门口的胡老师，迎上去对胡老师说：“胡老师，思思最近回家老是说在幼儿园没吃饱，这在幼儿园都吃些啥了？”年轻的胡老师一听就很不耐烦，说道：“思思奶奶，你家孩子太挑食了，看你们平时给她惯的。我也算是很有耐心了，可孩子就是不吃我这套，我能怎么办？”思思奶奶听了这话，血压立马升高……

你认为胡老师在和家长沟通的时候犯了什么错误？如果是你，你会如何处理？

案例二：

又到了每周五的玩具分享日，悠悠把自己最喜欢的旋转小木马带到幼儿园与小朋友们分享，可小木马不小心被嘟嘟弄坏了，悠悠奶奶着急

学习笔记

得一定要嘟嘟妈妈赔。嘟嘟妈妈本来还比较内疚，但一看悠悠奶奶这样的态度，她也毫不客气地说："这又不是我让你把玩具带过来的，你找老师赔吧。"

假如你是这两位孩子的老师，你会如何与家长沟通解决呢？

分析步骤：

(1)自己先想一想，再说一说。

(2)小组讨论，补充修改。

(3)在小组中发言，用准确连贯的一段话说出自己的意见。

(4)师生共同讨论。

【练习二】

家访情境训练

1. 根据下列情况，设计与家长谈话的目标与步骤。

(1)近来，中班的一名小朋友经常注意力不集中，独自一人坐在一旁若有所思的样子，听说是因为父母正在闹离婚。

(2)近期经常收到投诉，称小王经常欺负班里其他小朋友。

2. 用恰当的交谈，处理以下家访中碰到的问题。

小月老师按照约定的时间来到轩轩家里，发现家里只有轩轩一个人，便打电话给孩子父亲，他说自己在家对面的菜市场卖鱼，让老师到菜市场找他，小月老师在轩轩的带领下来到了卖鱼摊位，孩子的父亲抬起头瞟了一眼，说声："我很忙，有什么事快点说。"说完继续忙着手里的活，丝毫没有接受家访的意思。

面对这种局面，你认为用什么方式能开始同这位家长的谈话？并模拟幼儿教师说出来。

3. 在进行家访时，如果家长表示对孩子的习惯养成毫不在乎，你打算怎样说服家长？

【练习三】

根据下面的情境材料，准备一段家长会讲话，在班上进行试讲。

1. 小班新生入园后，你作为教师，在第一次家长会上讲一段话。

2. 针对家长太忙，关注孩子较少的现象，设计一段家长会讲话。

3. 读书节前，在家长会上讲关于幼儿园亲子阅读视频比赛的摄录要求。

拓展练习

【练习一】

佳佳在活动室门口很委屈地大喊："妈妈早点来接佳佳。"老师抱过佳佳并催促家长离开，家长逃似的走了，可我们知道家长也很难放下，不一会儿爸爸在门外观望，爸爸刚离开，外婆又在幼儿园门口张望，刚好老师带领队伍在外面跑步，外婆看到佳佳不哭了才安心离去。

看到如此不舍的家长，作为老师，你会如何与家长沟通呢？

【练习二】

家访模拟练习

(1)练习方法

以小组为单位进行角色扮演，按以下材料做一次模拟家访谈话，并在全班进行展示并做好记录。

(2)练习内容

①向家长介绍幼儿的一日生活表现。

②了解幼儿在家的生活及身心发展的情况。

③征求家长对幼儿园工作的意见和建议。

④与家长共同探讨科学育儿措施。

【练习三】

大班幼儿即将毕业离园，在幼儿园的最后一次家长会上你以带班老师的身份讲一段话。

学习主题三
与同事的交际口语训练

扫码看视频

学习笔记

情境案例

一位小班教师请示园长同意其所带班级提前召开家长会。

教师：园长，我们班打算这周五召开一次家长会。

园长：这学期的家长会全园各班都计划在期中召开。你们班不是也在计划里写着期中召开吗？怎么提前了？

教师：本来是打算期中召开的，可是根据我们班级的现状，有不少问题需要家长配合解决，所以，想早一点召开家长会，提醒家长们注意。

园长：嗯！解决幼儿教育中出现的问题，宜早不宜迟。

教师：那，园长您同意了？

园长：嗯，不过发通知的事你们班自己解决。

教师：好的，谢谢园长！

这位教师在和园长谈话时，创造了和谐的谈话气氛。当园长问到为什么要提前召开家长会时，她能耐心地说明原因，而不是一听园长没同意就不耐烦、不高兴或马上放弃。

教师除了要面对日常繁重的工作外，还要正确处理与学生、家长以及同事之间的关系。友好和谐的同事关系可以使教师在工作能力或技能水平上得到促进和提高，在思想和生活中得到关心和帮助，在精神、心理上保持轻松和愉快。同时，它还间接影响学生身心健康和人际交往能力的发展。因此，教师应该学习和掌握人际交往规律，采用适当的方式，建立健康、融洽的同事关系。

一、与单位领导的谈话 >>>>>>>>>>>>>>>>>>>>>>>>>>>

教师与上级的谈话，包括请示、汇报等内容。谈话的目的是争取上级领导的认可、理解、信任和支持。教师和上级谈话时要注意以下两点。

（一）把握谈话时机

与上级领导谈话的时机是否适宜，是影响谈话成败的重要因素。时机选择恰当，便于实现谈话目的；时机不适宜，会给谈话带来困难。

（二）注意谈话方法

教师同上级谈话，用语要谦敬、坦诚、简明。

谦敬，指的是说话时的语气要谦虚谨慎，保持良好心态，创造和谐的谈话气氛。

坦诚，在工作中，让领导感到自己的坦诚是赢得领导肯定和支持的重要内容，也是教师对工作负责的表现，应该如实反映情况。

简明，就是把想说的问题开门见山地说出来，不要兜圈子、绕弯子，不拖泥带水，做到言简意赅，禁止以告状的形式道人长短。

学习笔记

二、与同事的谈话 >>>>>>>>>>>>>>>>>>>>>>>

教师属于群体性、协作性要求较高的工作，与你一同搭班的教师，可能趣味相投，也可能因性格不合而难以相处。如果不能正确对待这些小事，就容易产生矛盾，从而影响工作。在日常交往中，教师不妨注意把握以下几个方面，建立融洽的同事关系。

（一）知己知彼，有效沟通

孙子曰：知己知彼，百战不殆。不知己而知彼，一胜一负。不知己不知彼，每战必殆。因此，要与同事和谐相处，既要认识自己，又要了解他人。只有认识自己，了解他人，尊重彼此个性，才能达到平衡，形成和谐相融的工作环境。

（二）互相尊重，坦诚相待

同事之间相互尊重和坦诚相待，对构建良好的人际交往环境有很大好处，“如果你希望别人如何待你，你首先要如何对待他人。”尊重他人就是尊重自己。这样才能拉近同事之间的距离，达到精诚合作的工作效果。

（三）注意礼仪，保持距离

在工作谈话中，一切都要以大局为前提，注意保持合适的距离，注意说话的场合，不要在外人面前对同事品头论足，挑毛病，攻击和指责，更不能为自身的利益而损害同事和集体利益。每天甜甜的一个微笑或者一句调侃的话语是同事间沟通的关键所在，打招呼时要看着对方的眼睛。

做中学

通过模拟情境，掌握教师与同事的交际口语训练技能及要求。

情境一：班级想组织“诗歌朗诵比赛”，请校长出席并讲话，你怎样邀请校长来参加。

情境二：领导让你为他办件私事，而你感到很棘手，你如何拒绝？

情境三：同事遇到喜事，如晋升、晋级、获奖等，你如何祝贺？

情境四：同事遇到不幸的事，如事故、工伤、生病、亲友去世等，你该如何表达？

步骤：

(1)先预设情境。

(2)自己先想一想，再说一说。

(3)小组讨论，补充修改。

(4)在小组中发言，用准确连贯的一段话说出自己的意见。

(5)师生共同讨论。

拓展练习

预设情境，讲一段符合要求的话，初步探索教师如何运用与同事交际口语的技巧，让自己在今后的工作岗位中与同事相处更加融洽。

情境一：你要申请经费组织儿童节活动，困难重重，你打算用怎样的言语策略向校长请示、汇报，如果他不同意，你又会怎么说？

情境二：假如你是一名刚刚毕业上岗的青年教师，请设计与不同身份、年龄的同事交谈的内容(老年教师、中年教师、与你同龄的青年教师、同班的保育员)，并给对方留下良好的第一印象。

参考文献

[1]宋欣桥．普通话水平测试员实用手册．北京：商务印书馆，2004.

[2]宋欣桥．普通话语音训练教程．北京：商务印书馆，2004.

[3]浙江省语言文字工作委员会，浙江省语言文字工作者协会．浙江省普通话水平测试教程．杭州：浙江大学出版社，2012.

[4]王素珍．幼儿教师口语训练教材(第三版)．上海：复旦大学出版社，2020.

[5]陈雪芸，许晓晖，刘晓红．幼儿教师口语训练教程(第 2 版)．北京：北京师范大学出版社，2018.

[6]贾瑛．幼儿教师口语(微课视频版)．北京：机械工业出版社，2019.

[7]宋玮，李哲．幼儿教师口语．上海：华东师范大学出版社，2015.

[8]吴弘毅．实用播音教程　第 1 册　普通话语音和播音发声．北京：北京广播学院出版社，2002.

[9]赵秀环．播音主持艺术语言基本功训练教程(第 4 版)．北京：中国传媒大学出版社，2016.

[10]仲梓源．播音主持艺术入门训练手册．北京：中国传媒大学出版社，2009.

[11]陈晖．普通话测试与训练．长沙：湖南大学出版社，2011.

[12]隋雯，高昕．幼儿教师口语(第三版)．北京：高等教育出版社，2012.

附录1：普通话水平测试用话题

1. 我的学习生活
2. 我的业余生活
3. 我的假日生活
4. 我的朋友
5. 我尊敬的人
6. 我的成长之路
7. 我的愿望（或理想）
8. 我的家乡（或熟悉的地方）
9. 我喜爱的动物（或植物）
10. 我喜爱的职业
11. 我喜爱的文学（或其他）艺术形式
12. 我喜欢的季节（或天气）
13. 我喜欢的节日
14. 我喜欢的明星（或其他知名人士）
15. 我喜爱的书刊
16. 我知道的风俗
17. 我所在的集体（学校、机关、公司等）
18. 我向往的地方
19. 我和体育
20. 谈谈服饰
21. 谈谈科技发展与社会生活
22. 谈谈美食
23. 谈谈社会公德（或职业道德）
24. 谈谈个人修养
25. 谈谈对环境保护的认识
26. 谈谈卫生与健康
27. 童年的记忆
28. 难忘的旅行
29. 学习普通话的体会
30. 购物（消费）的感受

附录 2：幼儿教师常用语

1. 老师相信你一定能行。
2. 你真行，又学会了新本领。
3. 大家都夸奖你，小手真能干。
4. 你的舞跳得很好，大家可喜欢看了。
5. 你一心一意地学本领，老师真为你高兴。
6. 你这样做我很高兴。
7. 老师很喜欢你这样做。
8. 你以后一定还会这样做的。
9. 你进步了，我很高兴。
10. 祝贺你，成功了。
11. 非常棒，我们胜利了。
12. 做了错事没关系，改正了就是好孩子。
13. 你又改正了一个小缺点，大家真为你高兴。
14. 摔倒了，没关系，勇敢地爬起来。
15. 让我们为某某小朋友的进步拍拍手。
16. 你真棒。
17. 你真能干。
18. 你真勇敢。
19. 你的手真巧。
20. 你真机灵。
21. 今天，你来得真早。
22. 你做操真神气，像个解放军。
23. 你能为大家做好事，大家都很感激你。
24. 你能点到漂亮的圆点，小朋友很羡慕你。
25. 大家都夸你是老师的小帮手。
26. 请让一让，行吗？
27. 愿意和我说说悄悄话吗？
28. 你能和我交朋友吗？

29. 愿意和老师一起交朋友吗？
30. 你愿意和我跳个舞吗？
31. 你愿意和小朋友一起玩吗？
32. 对不起，请原谅。
33. 谢谢你帮了我的忙。
34. 对不起，我没能帮上你的忙。
35. 真抱歉，让你受委屈了。
36. 我们亲一下，好吗？
37. 你能和我拉拉手吗？
38. 你能笑眯眯地和我说话吗？
39. 你再试一下，好吗？
40. 你愿意这样做吗？
41. 你明天一定会高高兴兴上幼儿园的，对吗？
42. 你心里是怎么想的，跟我说说行吗？
43. 你为什么这样做？你觉得这样做对吗？
44. 你心里很难过，愿意告诉我吗？
45. 他很伤心，你愿意去安慰他吗？
46. 需要我帮忙吗？
47. 别害怕，我来帮助你。
48. 别担心，我来陪你。
49. 你真行，我很想得到你的帮助。
50. 朋友有了困难，我想你一定会去帮助的。
51. 你真是个有礼貌的好孩子。
52. 你愿意和他说声“对不起”吗？
53. 我知道你一定会原谅他的。
54. 你一定很想跟他道歉，是吗？
55. 你能和某某一样，热情地招待客人吗？
56. 你愿意和我说“再见”吗？
57. 某某会说“老师早”，你会这样说吗？
58. 你能和小朋友友好地玩，老师很高兴。
59. 你会说“谢谢你，请给我一块积木”吗？
60. 朋友帮助了你，你一定会说“谢谢”，对吗？
61. 请慢慢地说，别着急。

62. 你能响亮地告诉小朋友吗？
63. 你能大胆、清楚地讲给大家听吗？
64. 你动了脑筋，讲得真好。
65. 某某小朋友也会举手发言了，大家都为你高兴。
66. 别担心，说错了也不要紧。
67. 你会像某某一样专心地学本领吗？
68. 老师相信你，一定会认真学本领的，对吗？
69. 你坐得真神气，讲得真不错。
70. 你能和别人说得不一样吗？
71. 你是个爱劳动的好孩子。
72. 你愿意帮某某擦干净吗？
73. 你能学着老师这样做吗？
74. 你愿意和老师一起收拾干净，对吗？
75. 我知道，你会认真做好值日生的。
76. 你愿意给花浇些水吗？
77. 你能帮老师给鱼换水吗？
78. 你能和我一起抬桌子吗？
79. 你会用小手帕擦手吗？
80. 你把鼻涕擦干净后真漂亮。
81. 你能试着扣纽扣吗？
82. 你的衣服穿得很整洁，我真喜欢你。
83. 你会自己系鞋带，是吗？
84. 某某小朋友的手洗得真干净，你会这么做吗？
85. 你能把垃圾扔到垃圾桶里吗？
86. 你能每天带好小手绢，老师真高兴。
87. 你能分些玩具给小伙伴吗？
88. 你愿意把玩具借他玩玩吗？
89. 你玩玩，我玩玩，大家一起玩。
90. 你不光想到自己，还会想到别人，大家都很佩服你。
91. 老师知道，你会把新玩具给大家一起玩的，对吗？
92. 你愿意把有趣的事情讲给大家听吗？
93. 你能把奖品分给大家，你的进步真大。
94. 一起玩真有趣，你也来试试吧。

95. 你和朋友一起补好了图书，大家很感激你。

96. 你愿意和老师一起下棋吗？

97. 你能和朋友商量，画一幅漂亮的图画，真棒。

98. 你愿意和小朋友一起用玩具吗？

99. 如果你和他一起玩，会玩得很开心。

100. 你邀请老师一起玩，我太高兴了。